たまたま生まれてフィメール

小川たまか
Ogawa Tamaka

JN111003

平凡社

たまたま生まれてフィメール

はじめに

「たまたま生まれてフィメール」などという変なタイトルの本を手に取ってくださってありがとうございます。誰じゃお前は、という方のために簡単に自己紹介をします。

学校を出てから、ライターという肩書きでずっと仕事をしてきました。文章を書くのが好きだからこれしかないんじゃないかと思ったのですが、なってみたらなんと、ライターというのは文章の技術よりもむしろ取材アポのうまさや現場でソツなく動くことのほうが重要な仕事でした（少なくとも、駆け出しの頃は）。

コミュニケーションには自信がないし、人から好かれる人間性も特に持ち合わせていない。気配りがきくほうでもない。

あれおかしいな、これで良いんだっけと思いながら仕事を続けていたら、いつの間にか性暴力や社会的性差にまつわる事件、事象の取材ばかりするライターになっていました。そして、いわゆるフェミになっていました。

企画が通れば自分の興味関心のある事柄を身ひとつで取材に行けるのがライターの楽しいところです。私にとって自分の興味関心がもっともあるのが、結局そこだったということです（とりあえず、今のところは）。

こんなテーマを取材していると、つらくはないのかと聞かれることがあります。取材がつらいことはそんなにないのですが、フェミニズムとかジェンダーとかセクハラ、性被害とか言い始めると、一部の人からサッと距離を取られることがあり、そういうものなのだなと諦めつつも、もっと楽に人から好かれそうなことだけ書いていたいと思ってしまうことはあります。星降る夜などには特に。

政治家ではないので多くの人から好かれることが重要なのかといえばそうとも思えないですが、本が売れるか売れないかで言ったら売れたほうがいいに決まっている……。持ち物が多い人が勝ち、動画再生回数の多い人が偉い、みたいな資本主義には疑問しかないのに、結局お金がなくては取材もできないし、自分の推しフェミニストにも課金できない事実に日々悶々としています。

これはそういう、自分の主義主張を貫きたいけれど目先のごはんの心配もしている人間が書いた本です。フェミニストが自信満々に正義を押し付けてくる奴だなんて、誰が言ったの。

インターネット社会の中で、人は自分と意見の違う人にいともたやすくレッテルを貼ります。レッテルを貼るだけで、その人の主張を根こそぎ無効化しようとします。けれど本来、意見が違う人との間にもいくらかの共通点や親和性はあるはずです。また、共通点を見出すことからしか対話の糸口はないのではないかとも思います。日常の生活は誰にでもあるのに、ついついそれを忘れがちなのかもしれません。

なんて少しわかったようなことを書きましたが、書いたそばからツイッター上のクソリプにここには書けないような悪態をついています。心の中で。これはそういう人間が書いた本です。

この本を読んで、「全部はわからないけれど、わかる部分はある」とか「違う部分もあるけれど共通点もある」とか思っていただけたら、うれしく思います。

目次

はじめに　3

1 夫婦って、家族って

なんで結婚したんだろう　10
ダブルインカムツーキッズ　19
祖父の話　27
夫の家事能力が高い　35

2 日本社会がよくわからない

お前らの本音と建前　46
祟りと滅び　55
男の本能にエビデンスはいらないんだって　64
海の近くの裁判所　73
16年後の判決　82

3 フェミと政治とインターネット

エモよりデモを(1)親ガチャ・DHC問題 92
エモよりデモを(2)「女性はいくらでもウソをつける」 101
エモよりデモを(3)「ホームレスデート」と、暴力と排除に抗議するデモ 108
ヴィーガンとフェミニストと、なりすます人 120
特定した話 130
フェミと選挙 140

4 私の身体と人生と

毛を抜く人生 150
自分の具合悪さは自分にしかわからない 159
占いからの怒られと抵抗 169
おたまさんと、恋愛のない生活 178

おわりに 191

＊本文中の肩書きは執筆当時のものです。

1

夫婦って、家族って

なんで結婚したんだろう

数年前に、私より20歳ほど年長のジャーナリストに取材したとき、彼女が「私たちの頃はまだ、結婚して子どもを産まないっていう選択肢がなかったな」と言った。もちろん、子どもを望んでも叶わない状況の人は昔からいた。だけど、産む環境がそろっていて産まない選択をする夫婦はほとんどいなかったというか、そういう選択肢を思いつきもしない時代だったという意味だと思う。

それを聞いてそうか、確かにそこは20年前と今とで違うんだろうなと思った。私の同年代の友人たちには、結婚して長い時間が経っているけれど、子どもを望んでいない夫婦も多い。

私は結婚して8年ほど経つけれど子どもがいないし、今後、子を持つ予定もない。「産むべき」というプレッシャーを感じたことがまったくないと言ったら嘘になるが、日常生活が困難になるほどのストレスにはなっていない。

現代では「子どもつくるの?」「子ども欲しくないの?」といった質問がタブー化していることもあって、このような質問を不躾《ぶしつけ》にぶつけられたこともほぼない。自分たちと似たような状況の夫婦が身近にいたし、産むのが当然という圧を感じたことがほとんどなかった。ということは、それはすなわち、私に「産まない選択肢があった」と同義なのだろうと思う。

ところで、結婚についてはどうだろうか。私はなんで結婚したんだろうと考えてみると、よくわからない。

夫と出会ったとき、30代前半だった。ほとんど一目惚れをして、私から猛烈にアプローチしてデートして約2年後に結婚した。最初から私はこの人と結婚すると確信していて、「結婚ってなんかもっとこう違うものだと思ってた……」などと戸惑っている夫を「こればっかりは運命だからしょうがないよ」と説き伏せた。

というようなことを書くのは惚気《のろけ》みたいで本当にただの惚気でしかないのだが、要するに、私は夫のことをすごく好きで、とりあえず今のところは唯一無二の人だと思っている。たぶん。

でも結婚した後になって今思うのは、「なんで結婚しなきゃいけないと思っていたんだろう」だ。

夫を好きでずっと一緒にいたいという気持ちだけなら、別に事実婚でも良かった。同棲するだけでも良かった。積極的に子どもを欲しい気持ちを持っていない2人だったので、なおさら事実婚のハードルは低かったはずだ。親から「早く結婚しろ」と言われることもなかった（思ってはいたかもしれないが）。

じゃあなんで「結婚」って選択肢しか見えていなかったのかといえば、それは周囲に事実婚カップルがいなかったからだと思う。少なくとも私には見えていなかった。

ここで詳しくは書かないが、私は30代前半ぐらいまでほとんど寝ていたようなもので、世の中のさまざまな事象が見えていなかった。目が覚めてやっと物心ついたのがその頃ぐらいで。

結婚した後で、別姓を望んでいるけれど将来の遺産相続のことがあるので、出産時だけ結婚して、即離婚を繰り返しているカップルがいることを知った。選択的夫婦別姓がそのうち叶うだろうと思って事実婚を続けているうちに20年経ったカップルがいることや、家制度に縛られるなんてバカバカしいから結婚を望まないフェミニストがいることも知った。

なんで夫とずっと一緒にいるために、「結婚」が大事だと思ったんだろう。

結婚当時に考えていた、ほとんど唯一の「結婚しなければならない理由」は、関係を対外的に説明しやすくなるから、だった。

夫とは、当時の取引先との会食で知り合った。２０１０年代半ばの日本で、仕事とは「公」であり、プライベートとは分けて考えなければならないことだったから、夫は同僚の人たちに私と付き合っていることをほとんど話していなかった。逆に私は当時自分が取締役を務めていた会社で年齢の近い同僚たちに夫と付き合い始めたことを隠していなかったが、それは私のいた会社が従業員４名ほどの小さな会社で、公も私もないような、良く言えば気楽な、悪く言えばだらしない職場だったから。

つまり、夫と私の関係を夫が会社に明らかにするためには、事実婚ではダメで、書類上の手続きがないといけないという考えが、おそらく私にはあった。自覚的にあったわけではないけれど、なぜ自分が結婚しなければならないと思っていたのかを考えるとそこに行き着く。

行き着いてみて、ほんと大した理由じゃないなと思う。確かに「結婚の届出を役所に提出した」という事実は人に話しやすいし、人を納得させやすい。でも人を納得させることが、自分にとってそんなに大切なことだったんだろうか。

夫婦よりも恋人のほうが結びつきが弱く感じるから？　すぐに離婚する夫婦もいるし、長く付き合い続ける恋人もいるのに。

◆

２０２１年２月、森喜朗さんのオリンピック・パラリンピック組織委員会長辞任騒動の余波が収まらない中、ＮＨＫで放送された選択的夫婦別姓を望む夫婦のドキュメンタリーで亀井静香さんがこんなことを言った。亀井さんは選択的夫婦別姓に20年以上にわたって反対してきた人だ。

「あんたたちはこういうさ、ややこしいことをして生きていかなあかんの？」

「（姓が一緒じゃないと何が困るかと聞かれて）やっぱしさひとつになったほうがいいんだよ」

「あんたたち体も一緒になるんだろ？　だから心も一緒になったほうがいい」

「勝手なことをやってる人に国家が合わせていたらよ、どうするんだよ」

「ひとりのわがままに合わせてたらさ、国家というのは困っちゃうんじゃないかな」

「国家のルールに対して、ある程度は妥協せんと生きていけねぇだろうと」

「俺は言ってるんだよ。常識的なことを言ってるんだよ」

「国家の保護を求めながらね、一切ね、国家の行為に対して協力をしないというのは」

「みんな天皇の子だから一緒なんだよ。俺なんか古い人間かもしらんけど」

「(夫に向かって)あなたはな、ほんとはな、いいか? 心から愛されてねぇんだよ」

「愛されてねぇんだよ、間違いないよ」


選択的夫婦別姓を望む活動をしている人たちに敬意を表したい。結局、反対派が何十年も反対し続けている理由がO・KI・MO・CHIでしかないことを、国営放送で明らかにするところまで漕ぎ着けたからだ。普段、そのお気持ちは周到に隠され、なんなら変化を求める側が「そのお気持ちをしまえ」と言われたりする。亀井さんが、この夫婦に対して「わがまま」と言っているように。

別姓を望む側には、各種の名義変更などの煩雑な手続きや、旧姓で書いた論文が検索できなくなるといった実際の不都合がある。アイデンティティの問題もある。反対派には明確な理由も根拠もない。あるのは、「別姓を選ぶ家庭があったら国が壊れる」という妄信だ。

同姓を選ぶことが、なぜ「国家に協力」することになるのか私はわからない。国家が管理しやすくなるということ？

国家のルールなんて、法律や制度なんてその都度変わってきたものだ。時代に合わせて、人々の都合に合わせて変わってきたものだ。姓については例外なんて、まったく理解できない。

亀井さんの発言だけじゃない。選択的夫婦別姓が反対される様子、あるいは同性婚が日本では認められる気配がない近年の状況を見るにつけ、結婚なんてしなければ良かったと思いそうになる。

結婚するには夫婦同姓です絶対！　とか、同性だと結婚は認めません絶対！　とか言われて、その理由は国の都合だと言われることが理解できない。なんのためのルールだよと思う。国が民を管理するためだけに作られたルールなんだから、人に合わせてルールを変えるのではなく、ルールにハマるかたちに人を作ると。そんな誰かを苦しめるルールに、なんで安易に乗っかったんだろう。バカバカ！　私のバカ！　と頭を叩きたくなる。

そして思う。私が夫との関係を対外的に認めてもらいたいと思ったあの気持ちは、「国に認めてもらいたい」だったのだろうかと。そうじゃないとは言い切れなくて、恐ろしくなる。

政治家たちは定期的に、要約すると「女は子どもをもっと産めよ」という意味合いの失言をする。それを聞くたびに私は、「国のために子どもを産めとか言われれば言われるほど産みたくないな」と思うし、「産んでなくて良かった」とすらちょっと思う。その反抗は私の中で大切なものだ。納税の義務は果たすけれど、産めよ増やせよと圧をかけられるならそこには抗っていきたい。

でもそんな私でも、結婚制度についてはうっかり乗っかってしまっていたことが怖い。心のどこかで、結婚制度に頼って安心を得ていたことが怖い。


ちなみに「小川」というのは旧姓だ。「たまか」も本名ではないので、皆さんが知っている私の名前は完全にペンネームで、戸籍上の姓と名は別にある。結婚前からこのペンネームを仕事で使っていたので、私は戸籍の姓を変えることにそこまで抵抗がなかった。私は仕事に対しての思い入れが強いので、もし仕事で使う姓を夫の姓に変えなければいけないとなっていたら、「なぜ変えなければいけないのか」「自分が自分でなくなるようだ」と感じていただろう。

「小川」という姓はどこにでもあるし、「画数が少ないから手が疲れない」以上の愛着はないのだが、それでも自分に「小川」以外の姓がつけられることを想像すると、別人になるような気味悪さがある。

亀井静香さん、好きになった相手と結婚しようとしたら「山田静香」とか「小川静香」にならなければならないって言われて、そこに不安や懸念を示したら「愛してねぇんだろ?」「体も一緒になるんだろ?」とか言われて泣いちゃう夢でも毎晩見てくれないかな。

ついでに言うと、夫の姓(私の戸籍上の姓)は、夫の父親の姓だが、彼の両親は彼が子どもの頃に離婚している。離婚した後も義母は別れた夫の姓を名乗り続けた。私は義父に会ったことがないし、夫も子どもの頃に別れて以来会ったことがない。義母は私たちが結婚する1年前に亡くなっている。

もう私たちの目の前にはいない人の姓、特になんの思い入れもない人の姓を、私たち夫婦は名乗り続けている。なんの絆か。なんの呪縛か。ときどきすごく滑稽《こっけい》に感じる。

ダブルインカムツーキッズ

夏のはじめに母から「うなぎ届いた？」とLINEがあった。「お父さんからうなぎ送るから」と連絡があり、わざわざ日付指定で送ってくれたのに、うっかりして受け取れていなかった。ポストを見に行くと黄色い紙が入っている。「届いたかどうかお父さんが気にしてるよ」という母に、ごめん、不在連絡票が入っていたよ、今から宅配業者に連絡すると打つと、数分後に電話がかかってきた。

「ごめんね、今ちょっとだけ大丈夫？」から始まる早口の母の電話。

おじいちゃんがね、昔よく段ボールにいっぱい、果物とか送ってきてくれたでしょう？　でも仕事があるからなかなか受け取れなくてね、昔は今と違って、2回ぐらい不在にすると宅配センターに戻されちゃってたのよ。あんたたちも小さかったから、小さい子を連れて宅配センターまで行って、荷物は重いし、大変だった。おじいちゃんは「まだ受け取ってないのか」って怒るし、そんなこと言うならもう送ってくれなくていいって思ってたよ……。

おじいちゃんとは父方の祖父のこと。父は祖父に似て家族に物を送るのが好きで、けれど母はその昔、それが受け取る側の負担になっていたことを知っている。数十年前のことを思い出して、私が気に病んでいないかと心配になったのだろう。当時の母は、今の私ぐらいの年齢だ。

私は気楽な自由業だし、子どももいないし、昔と違って再配達のシステムは便利になっている。せっかちな父とちゃらんぽらんな娘の間でやきもきしている母にちょっと申し訳なく思った。うなぎは無事おいしくいただいた。


私の両親は共働きだった。2人とも地方出身で、東京に出てきて地方公務員になった。1970年代前半のことだ。裕福な家の出身ではない女性が上京して大学へ進学するだけでも珍しく、結婚・出産後も仕事を続けようと思ったら、民間企業はまず難しい。士業や公務員ぐらいしか選択肢がなかった時代。母が選んだのは、看護婦（現代では看護師）や保母（同、保育士）のように「女性の仕事」とされていた職業を除けば、一番女性の割合が多い職業だった。

専業主婦家庭と共働き家庭の割合は1990年代半ばに逆転し、それからはずっと共働き家庭のほうが多いけれど、共働き家庭の中でもうちのように両親が同じ職業で、さらに収入にあまり差がない家庭は珍しかったのではないだろうか。父が管理職試験を受けて昇格したのは私が高校生の頃。少なくともその頃まで両親の給料は同じぐらいだったはずだ。

そのためなのか、父はその世代の男性にしてはかなり家事や育児をしていた。洗濯物を干す、買い出しをする、食器洗い、保育園への送り迎え、休日の掃除機がけ。特に、私が小学校に上がる前によく遊んでくれたのは母よりも父だった記憶がある。日曜日の朝、散歩好きな太っちょの父がサンダルをペッタペッタンと独特のリズムで鳴らし、その後を私がついていく、そんな記憶。

叱るのは母の担当、遊ぶのは父の担当。幼い頃の私にとって、母は忙しくて厳しい人で、父は遊んでくれる人だった。

母は父について「お父さんのいいところは威張らないところ」と言う。その通りで、父が母に向かって自分のほうが上だという態度を取るのを見たことは一度もない。職業人としての母を尊敬していたとさえ思う。そうでなければ、幼い私が「働いているお母さんは忙しそうだけれどなんかすごい」と漠然と思うこともなかったはずだ。

けれど、そんな父と母の仲が良かったかといえば、決してそんなことはなかった。少なくとも子どもの頃の私の目に映る両親は、けんかばかりしていた。

保育園の先生に「昨日、お父さんとお母さんがけんかしたの」と話し、お迎えに来た母が先生から「お子さんの前であんまりけんかしないほうがいいですよ」とたしなめられ、母が私に「恥ずかしいからそんなこと話さないでよ……」と言う。一番古い記憶のうちのひとつがそれ。

お父さんとお母さんが笑いながら冗談を言い合う家庭、そんなのはコマーシャルやドラマの中だけのお話だと思っていたので、小学校に上がってから夫婦円満な友達の家に遊びに行った際に衝撃を受けた。

不和の原因のひとつは……と書きかけて、いやひとつじゃなくてほぼすべてがそれだったんじゃないかと今気づく。それはやっぱり家事のことだった。

すでに書いた通り、父はかなり家事をやっていたほうだ。「これは俺の仕事じゃない」なんて口走ることは一度もなかった。けれど残念なことに、父はガサツで不器用で片付けが苦手な人だった。その特性を見事に受け継いでしまった私は父を責める気にはなれないのだが、一方で「何度言ってもお父さんは」と怒る母のイラつきも充分に理解できる。

たとえば、うちではカレーといえば父の料理だった。きのこやじゃがいもを鍋に入るだけ入れて、具材がとろとろになってなくなるまで煮込む。休みの日に何時間もかけて作るカレーはおいしかった。

しかし食べ終わって片付けの頃になると決まってけんかが始まる。父は料理をしながら同時に調理器具を洗って片付けるということができないから、台所はすでに修羅場となっている。すべて油まみれの食器を洗ううちに母はキレて、なぜお父さんは調理しながら小まめに片付けることができないのかと言い立てる。父は不機嫌になり、言い返したり言い返せなかったりし、そのうちにバタンと音を立ててドアを閉めて歩きに行ってしまう。それが毎回のパターン。

なぜ反省が活かされないのか、なぜ同じことで毎回けんかになるのか。子どもの私にはわからなかったし、大人になった今は「忙しすぎたんだよ……」と同情するほかない。

洗い物を始めるときは先に水切りに置いてある食器を片付けてからにすればいいのに、それをしないから食器が落ちそうなほどあふれる。洗濯機がいっぱいなら2回まわせばいいのに、ぎゅうぎゅうに詰め込むから壊れてしまう。何時間もかけて料理を作ってくれるのはいいけれど油を使いすぎるから洗い物が大変。洗濯物の畳み方が雑で適当だし、どれが誰の洋服なのか覚えていない……。洗い物をし直すのは誰？　洗濯機の修理を呼ぶのは誰？　結局、母の仕事が増えることになり、家の中に『キル・ビル』かよ、というぐらいの緊張感が張り詰める。

姉は小学生で私は保育園児で、全員が起きてから45分以内に着替えと朝食を済ませて家を出なければいけない怒濤の朝、スライスチーズの載った熱々のトーストを父が私の太ももに落とした。両親の頭に咄嗟に浮かんだのは、どちらが私を病院に連れていかなければいけないかということだっただろう。それはどちらかが勤務先に遅刻の連絡をすることを意味する。その惨劇が笑い話になるまで、小川家では20年が必要だった。

２０１０年代の日本は当時よりずっと共働きの家が増えた。だから家事育児の分担メソッドがさまざま共有されたり、ジェンダーバイアスによって未だに妻側の負担が大きい事実や、たとえ料理や洗濯を夫が担っていたとしても妻にはそれ以外の細々とした「名もなき家事」の積み重ねが押し寄せているといった傾向が縷々語られている。

現代にはＳＮＳというものがあり、その中では妻・母たちの辛酸が、ときにユーモラスに、ときに殺意とともに発信される。

私はそれらを目にして、うちの両親があれだけけんかばかりしていたのは必然だったと思うに至った。ずっと、どうしてうちの両親は……と思っていたが、2人の相性が悪かったとか、父がズボラで母がキレやすかったとかそういうことだけではたぶんない。

10歳にもならない子どもを育てながら平日フルタイムで両親が働くというのは、体力・努力・工夫・忍耐・諦めなどの各種スキルを高めていくことが必須であるのだと思う。日々の生活の中で、息抜きの間もなく絶えずスキル向上を求められる。定期テストがあるわけじゃないけれど、陸上競技のハードルのように飛び越えなければならない難所が次々と現れ、失敗すると夫婦間に修復し難い亀裂が入ったり、子どもが保育士に「けんかしてたよ」と密告したりする。

私の母は、どちらかといえば家事が得意なタイプの人ではなかった。家事と仕事どちらが好きかといえば仕事が好きな人だったと思う。けれど女性であり、母であるという理由で、あるいは父よりもまだ家事スキルが高かったからという理由で、その負担は母により多くのしかかった。舅は遠方からプレッシャーをかけてくるし。

母は1年に何回か、何かに取り憑かれたように部屋の模様替えをした。リビングのソファやテレビの向きを変えたり、ダイニングテーブルを壁につけてみたり離してみたり。毎日働いてくたくたのはずの母のどこにあんなエネルギーがあるのかわからなかったけれど、もしかしたら母はもう少しひとりの時間が欲しかったのじゃないだろうか。部屋を片付けるように、夫や子どもを2時間だけでもロッカーの中にしまっておけたらいいと思わなかっただろうか。母が結婚したのは25歳で、同じ年に姉が生まれ、それからずっと「母」だった。父は機嫌が悪くなると夜でもひとりで歩きに出かけて煙草を吸っていたけれど、母がそんなことをできるわけがなかった。

両親が子育てをしていたのがもしも今の時代だったら、2人はSNSで情報発信や情報収集をしたりしていたのだろうかと考えることがある。

子育てで四苦八苦している家庭が他にもたくさんあり、むしろ七転八倒するほうが普通かもしれぬと思えるだけの息抜きの場所があったら。そして甘ったれの末っ子だった私もそれをなんとなくでも知っていたら。もう少しだけ、良いチームになれていたかもしれない。

祖父の話

「故郷」という2文字から、一度も住んだことのない場所を思い浮かべるのは自分でもおかしなことだと思う。

私が生まれ育ったのは東京都23区内にある、大きなアーケード商店街のある街だ。住んでいたマンションの真向かいにあった小さな産婦人科で生まれて、高校を卒業して実家が引っ越すまでその街で暮らした。「地元」を聞かれたらその街なのかもしれないけれど、いまいち愛着がない。歩道にモザイク模様を施され、焼き鳥屋やパン屋が並び、天気によってアーケードが開閉するあの街は、離れてみるとかわいらしいと思うけれど、故郷という言葉の重みを受け止めてくれない気がする。

私の頭の中にある故郷は、南紀白浜の白い砂浜と青い海。

父の実家は和歌山県の南部にあり、私たち一家は夏と冬に必ず帰省した。そう書いてみて驚くのは、年末年始にも帰省していたはずなのに、記憶の中にある和歌山は夏の景色ばかりだからだ。

父は運転するのが好きな人で、けれど東京で車を所有してはいなかったから、帰省するとここぞとばかりに母を助手席に、私と姉を後部座席に乗せて山川をドライブした。山の奥に行けば行くほど冷たくて透き通る川の水、大きな岩からの飛び込みを競う地元の子どもたち、日に焼けて熱くなった河原の石の上を歩くのさえ楽しかった。

海はもっと好きだった。一番大きな浜は観光客が多くて、海よりも浜を楽しむところ。ゴーグルをつけて潜り、魚を見るのが好きだった私を、父は人の少ない小さな浜の岩場によく連れて行ってくれた。息を止めて海中に潜るたびに、青や黄色の小さな魚が見える。あれはチョウチョウウオ、あれはスズメダイの一種と父が名前を教えてくれる。ときどき、50センチほどの大きめの魚も横切って、私が怖がると「水中メガネで大きく見えているだけ」と笑われた。

疲れると浜で寝転んで、じりじりと肌を焼く。紫外線の害なんて大人も知らない時代だったから、子どもは黒くなればなるほど良し、夏は1回皮が剝けるほうが良し、だった。

海水の浮力に馴染んでいた体は陸へ上がると重たく、眠くなる。南国の日差しが絡みつくねっとりとした午後の空気の中で喫茶店のパフェを食べさせてもらって、クーラーのかかりきらない車に揺られて帰る。

田舎での楽しい時間は、そこで終わる。

祖父母の待つ家へ帰る車の中で、私はいつも憂鬱だった。和歌山へ帰る間、祖父母の家ではなくてホテルに泊まることにしてくれればいいのにといつも思っていた。

祖父母の家は小さな2階建てで、引き戸の玄関から中へ入ると左手に応接間、右手に廊下と階段があった。日当たりが悪いわけではないのに、応接間の隣にある和室や、その隣の祖父母の寝室はいつも暗い雰囲気があった。

一番暗いのがカビ臭い匂いのする台所。母は帰省のたびに腐った食材の片付けから始めた。私が物心がつく前から祖母は足が悪くて、家事をほとんどできなくなっていた。祖父がそれについてどう思っていたのかはわからない。今みたいにスーパーの惣菜やコンビニがない時代に、2人は毎日どんな食事をしていたのだろう。あの暗い台所で食事をした記憶が私にはない。

小さい頃の私は祖母を泣き虫な人だと思っていた。私たちが東京へ帰る日はいつも泣いていたし、テレビ番組でかわいそうな子どもを見ても泣いた。弾力のなくなった肌を震わせて泣いた。祖母は太っていたけれど、痩せている祖父よりも生命力を感じなかった。

祖母が丸い大福なら、祖父は細長いかりんとうみたいだった。

そして祖父は、すごく短気な人だった。

私と姉には優しいのに、母には意地悪なことを言う。洗濯物を干す位置が違うとかそんなことで母と言い争いをするし、よそでもすぐ怒るらしい。頭髪がなく、つまり禿げ上がっていて、それをネタに私たちを笑わそうとすることもあったけれど、怒ったときはその頭に青筋が立つのが怖かった。

ひとりっ子の父は、どちらかというと祖母の優しい気質を受け継いでいたと思う。母がイラついて祖母が泣き、祖父が不貞腐《ふてくさ》れる。父は祖父をたしなめたり、ときとして強く言うこともあった。だけど強く言うときでさえ、どこか遠慮があったように見えた。父と息子の間にある遠慮。

小学校高学年にもなると私は不機嫌に押し黙った。祖父母を好きになれない少しの後ろめたさと、その何倍もの苛立ちがあった。父は悲しそうな顔をするし、母は「おじいちゃんたちは苦労したんだから」と言う。大人たちの仲が悪そうなのに、なんで子どもの不機嫌は許されないの。なんて言い返せるほど頭は回らなかったから、余計に黙るしかなかった。

「おじいちゃんたちは苦労した」というのは、祖父母に満州からの引き揚げ経験があったからだ。ちょうど終戦にちなんだテレビ番組が放送される頃に帰省する事情もあって、祖父母からは何度も戦争への強い拒絶の言葉を聞いたように思う。けれど、満州での出来事は何ひとつ聞いていない。

体の弱い祖母を連れた、祖父の体験はどのようなものだっただろう。

父の世代で、ひとりっ子は珍しい。祖父母は物を捨てられない人たちだった。そういうわずかなヒントから、推測するしかない。

祖父についてはっきりと覚えている思い出が2つある。

祖父の誕生日は1月7日。なぜ覚えているのかといえば、それが昭和が終わった日付と同じだからだ。

時代が平成に変わってしばらくして、年始にみんなで集まっていたとき、誕生日の話になった。祖父が「けったくそ悪い」と言った。自分の誕生日に天皇が死んだ事実について。祖父は憤っていた。昭和天皇を嫌っていた。祖父にとって昭和天皇は「戦争」の象徴だった。あるいは「支配」の。

聞いてはいけないことを聞いたような気持ちになった。天皇さんを嫌うって、『はだしのゲン』で言うところの「非国民」なんじゃないの？　もちろん今はもう戦時中とは違うけれど、それでもあんまり外では言わないほうがいい話なんじゃない……？

でも同時に、そう話す祖父を面白く思う気持ちもあった。普段は全然好きになれない祖父なのに、「けったくそ悪い」だけは理解できるように思った。

私の家は昔から2種類の新聞を購読していた。朝日新聞ともう1紙。もうひとつの新聞は、他の新聞が「雅子さま」と表記するところを「雅子さん」と書く新聞で、私はそれを心のどこかで小気味良いことと感じていた。でも同時に、人には話せないことだとも思っていた。他と違うから面白いけれど、他と違うから人には言えない。その感覚は長い間、私の芯にあったように思う。

もうひとつの思い出は、私が高校生になってから。

祖父は癌で入院することになり、私たちはお見舞いに行った。半袖だったから夏だったのではないだろうか。小さな個室のベッドで、祖父は前よりもいっそう痩せていたけれど口は達者だった。

東京から来たものの、病状をひとしきり聞いたらもう手持ち無沙汰になる。病室にあった鏡に映った自分を見て、私は海風の湿気で乱れた髪を手でなでた。

笑い声が聞こえて振り返ると、祖父が私を指差して笑っていた。

10代の若者らしい仕草だと思ったのか、人前で女の子がそんな風にするのがおかしいと思ったのか。どちらにしても、満面の笑みだった。髪を直す私の仕草を真似して笑っていた。思春期に入っていっそうかわいげのなくなった私のことを気にしている風もなかった。

こんな顔で祖父が笑うのを見たことがない。少なくとも私が思春期に入って以降は見ていなかったように思う。こんなに屈託なく笑うのか。少し驚いてから、おじいちゃんと会うのはもうこれで最後なのだなとわかった。

まるで映画のワンシーンみたいだった。映画だと、こういうシーンが終わった後、火葬場から煙が上る場面になる。「最後が笑顔で良かった」とか、大人になった私は振り返るのだろうか。それはちょっと陳腐だけれど、でもまあ悪くないと思った。

記憶の中でその次は火葬場ではなくて、祖父の亡骸に白装束を着せるシーン。葬儀場の人が「三角頭巾は今はつけません」と説明して、その布を棺の中に入れた。死んだ途端に人は小さくなるのかと思うほど、軽そうな遺体だった。

誰かの葬儀に参列するのは生まれて初めてで、「人が死ぬというのは、それなりに大ごとなのだな」と思った。祖父の葬儀は参列者がそれほど多くないこぢんまりとしたものだったけれど、それでも葬儀場の職員含めてそこそこの数の大人が集まっているのを見るのは、親戚の少ない私にとって記憶に残る出来事だった。

葬儀では知らない女性が2連のネックレスをしていた。「あれ、2連でいいんだっけ？」と思ってもう一度見ると、その人はもういなかった。母が泣いていて「母、泣くんだ」と思った。４人いる祖父母のうち、先陣を切ってさっさと退場してしまうのが短気な祖父らしかった。

教師だった祖父は生涯で1冊だけ本を書いている。海の真珠をとったダイバーたちを取材した本。その中には、若い頃の父が運転する車に乗って取材にまわったことが書いてある。その本は私が子どもの頃からずっと家に置いてあったけれど、私はどんなきっかけで、どんな思いを持って祖父が本を書いたのかを聞いたことがない。

祖父は、何か私に伝えたかったことがあるのだろうか。母に「あんたも男を産めなくて悔しかったろう」と言ったそうだから、女の子には何の期待もしていなかったかもしれない。何か伝えるには、私が幼すぎたのかもしれない。

私が生まれて祖父が死ぬまでよりも、私が祖父を知り、思い返す期間のほうが長い。後に生まれた者なのだからしょうがない。

祖父がいた南紀白浜を、私は故郷だと思っている。

夫の家事能力が高い

いったいどこから書き始めたらいいか。結婚直後からでも良いだろうか。

結婚した後のしばらくの期間、私は夫の弁当を作っていたことがある。縦長で2段に分かれた弁当箱に、きっちりご飯とおかずを詰めて。今思えば、あれが私の一番「主婦」っぽい仕事だった。

3カ月ほどして、夫の会社に社員食堂ができた。栄養バランスに長けてリーズナブルなその社食を避ける理由があるはずもなく、自然と私の弁当作り業務は打ち切りとなった。

朝食はコーヒーですませ、昼食はそれぞれ。夜は平日2〜3回はそれぞれ会食や飲み会があり、そうでない日でも夫の帰りが遅いので、夕食は別々ということが多かった。それが我々のスタイルだった。コロナで社会が一変するまでは。

夫が完全にリモートワークになった。フリーランスの私もオンラインでの取材がメインとなったが、それでも週に何度かは現場に行かなければならないことがある。さらに家で夫がオンライン会議をしているので、私はカフェで仕事をすることが増えた。うちには作業用机がひとつしかないためだ。

するとどうだろう。家にいる時間の長くなった夫は、平日も頻繁に夕食を作るようになった。

もともとひとり暮らし歴が長く、全般的に家事能力が高い人ではあった。特に料理スキルについて、私と彼の差は大きい。

たとえば私が料理をする場合、思いつきで買ってきた材料を全部切って鍋に入れて炒めるか煮るかし、えいやっと勢いで味付けをして皿に盛る。うまくいくかは運である。

夫は違う。スーパーに行けば30分はあれや……これや……と物色し（なので、大阪の松井一郎市長がコロナの感染拡大防止に関連して「女の人は買い物に時間がかかる」と発言したとき笑ってしまった）、物価を記憶し、肉や魚は安い日に買う。食材は切った後にその日に使う分だけを分け、残りはプラスチック容器かジップロックにしまう。肉の場合はサランラップできれいに包んで冷凍する。料理動画を見て下ごしらえの方法を学び、似た味付けが続かないように工夫する。また、同じ料理を短期間のうちに何度か繰り返し作り、改良を重ねる。人気ユーチューバーが使うキッチン用具を見て「うちにはこれがないわぁ」とため息をつき、しばらく悩んだ末に購入している。さらに今年はおせちを自分で作ってみたいとか、奇妙奇怪摩訶不思議なことまで言い出した。

もともとの料理スキルが夫のほうが高い上に、おいしいものを好きなだけ食べたいという欲求から生まれる向上心や知識欲がプラスされている。敵うわけがない。私は自分ひとりであれば毎日納豆ご飯かインスタントラーメン（わかめとキムチをトッピング）で良し、野菜は外食で摂取すれば良いと思っている悪食偏食人間だ。

リモートワークが長くなるにつれ、夫の料理担当率が徐々に高くなっていった。我が家のキッチンは2人並んで作業するスペースがなく、うろうろしていると「邪魔だから座ってて」と言われる。おずおずと「今日は私が作ろうか」と申し出るものの、「計算して買ってある食材を使われるとかえって面倒なんだよねえ」と渋い表情で言われる。これツイッターで妻たちがよく嘆いてるヤツじゃん……。

ここらへんで私が得た気づきは、料理とはやらなければやらないほど億劫になるものということだ。少しやらない間に、包丁を持つ、鍋を取り出す、米を研ぐ、までの距離が果てしなく遠くなる。お献立のアイディアがさっぱり浮かばなくなる。一緒にスーパーに買い出しに出かけても、夫の持つカゴに後ろからそっとヤクルトを入れるだけの人になっている。毎日の習慣、その積み重ねというのは本当にバカにならない。

よく、妻に先立たれた夫が電子レンジの使い方もわからなくて困ったというような話があるが、こんな生活が続けば私もそうなるんじゃないかとゾッとした。

冗談っぽく夫が言う。

「夫が毎日料理している。フェミニストの実態はこうだってフェイスブックで暴露するよ！」と。

いや聞いて夫、ツイッターで家事をしない夫の愚痴を言うのがフェミニストだと勘違いしているのかもしれないけれど、性的役割分担に抗う意味で夫が料理するのはむしろフェミニストとして合ってるし、料理は夫がすることが多いけど掃除洗濯は私のほうがやってるので全体的な家事分担としてまあまあなんちゃう……（後半、声が小さくなる）。

しかし正直なところリモートワーク中の40代夫婦2人が出す洗濯物の量は決して多くなく、部屋もそれほど汚れない。

少なくとも私にとって、毎日の夕食作りとそれ以外の家事すべてを天秤にかければ前者のほうが圧倒的に重い。これは、家事の中で料理がもっともクリエイティブかつ、連続的な作業であることとも関係していると思う。そんな大変な業務を夫が担っている負い目があるので「性的役割分担に抗う意味でむしろ……」は小声でつぶやく毎日だったが、しばらくして私の言っていることに気づいたのか、夫も言うことを変えた。「君のフェミニズムには当事者性が薄いんじゃないの〜」と。だって現状、家事において性的役割分担に縛られていないじゃない、という意味である。さすが私の夫。そこ気づいた？

実際、「あなたのフェミはどこから」で言うと「私は性暴力から」なのだ。出産・育児はもちろん、家事のあれこれや「嫁」業務については、ほとんど当事者性がない。それについて別に誰かに謝る必要もないのだが、なんかごめん……と言わなきゃいけない気持ちになることがある。

かすかに何か言えることがあるとすれば、コロナ前までは、料理分担が半々の割合だったことかもしれない。あの時期は「できるだけ料理したくない妻」と「料理を楽しむ夫」の上に伝統的な性的役割分担意識が乗っかることで、絶妙なバランスが保たれていた。神様がいったん日本の妻たち全員を料理嫌いに、夫たち全員を料理好きにしたら、それでようやく料理分担がトントンになるんじゃないかと思うことがある。

私たち夫婦に子どもがいない理由について書くのは難しい。大きな理由は夫が消極的であるからなのだが、夫がなぜ消極的なのかについて、私からすべて代弁できるとも思えない。

であるので、これは私の勘なのだが、私たち夫婦が出産・育児を望んでいない理由のひとつは、2人の関係性が変わることへの恐れだと思う。

コロナという外部要因によっても、2人の関係性は微妙に変わった。2人の間に子どもができて、家族が3人、4人になるとき、それ以上の変化は必ずある。たぶん私たちは、2人の間に他者を積極的には介在させたくない。

子どもができることによって2人の関係性が変わり、お互いへの関わり方が変わることによって会話の内容が変わり、それによって「別れる」という結論が出ることを漠然と恐れている。

私たちは2人ならいい関係だけれど、この2人で子どもを育てるのは想像できない。

……ような気がする。

そんなのおかしいとか、幼稚な夫婦だと言われても、それが私たちなのでしょうがない。

20代の頃に、働いている既婚女性のインタビューを月に1回、5年ほど続けていた時期があった。2時間ほどお話を聞いてまとめるのだが、当時の私にとって新鮮だったのは、生活スタイルの変化は、結婚するかどうかよりも子どもがいるかどうかによるということだった。

経験者にとっては当然すぎる結論だが、当時未婚だった私はまだよくわかっていなかった。

結婚は、言ってみれば2人の大人の生活が合体するだけのこと。もちろん個々の事情によってうまくいく、いかないはあるものの、この段階ではそれほど大きな生活スタイルの変化はない。

子どもができて、ひとりの人間を食べさせて育てていかなければならない事態となったとき、夫婦の間で調整しなければいけないことが山のように増える。それまではお互いの時間と夫婦の時間を思うままに使えていたけれど、子どもが生まれてからは子どもを生かすことが生活のメインとなる。

インタビューしたある女性経営者は、「振り返ればまだ子どもがいない時期の、夫婦2人の生活はおままごとみたいなものだった」と言った。

たとえば自分の母から「いつまでもおままごとみたいな暮らしをしてんじゃないの。早く子どもをつくりなさい」と言われたら反感を覚えたと思うが、私を説教する立場にない女性からご本人の感慨としてこのように言われると、それはまったくその通りであろうと受け止める。

私たちはおままごとみたいな生活をしていて、家事分担においてのストレスも深刻さとは程遠く、猫を飼いたいのにペット可物件になかなか引っ越せないという、よその家庭からしたら悩みでもないようなことを目下最大の悩みとして暮らしている。

たまに2人の間でちょっとした諍いが起こるとき、どちらかが「たった2人の夫婦やないか」とエセ関西弁を使い、「2人っきりなんだから仲良くしよう」と大袈裟《おおげさ》に抱き合って収まる。そんな寸劇をする。

2人そろって調子が良くないときなど、老老介護する未来を想像して、心が弱くなることもある。

そのようにしてそこそこに日々を暮らす。

何かの事情で夫がまた家にいる時間が短くなったりしたら、私が料理をすることが増えると思う。夫婦2人の生活は地味で静かなようで、だからこそちょっとした変化がわかりやすい。

私はこの生活がとても気に入っている。

私たちの暮らす部屋は賃貸物件にしては窓が大きくて、日当たりがいい。

ときどき窓辺に揺れるカーテンを見ながら、私が一番幸せだった時期を後年振り返るときに、この景色を思い出すのかもしれないと思うことがある。

2

日本社会がよくわからない

お前らの本音と建前

ここ数年はよく裁判所へ傍聴に行く。週に3回、霞ヶ関に通う週もある。

2020年のコロナ禍、4〜5月の緊急事態宣言下にいったん多くの裁判が延期になったけれど、その後は再開された。

コロナ禍の措置として傍聴席は1席もしくは2席空けて座らなければならず、着席不可の席に紙が貼られている。そのため通常時の3分の1程度の傍聴席しかない。

有名人が出廷するなど話題の裁判で希望者多数の場合、傍聴は抽選となるのだが、その抽選の待機場所でも「テープのある場所に立って待ってください」と言われ、ソーシャルディスタンスが保たれている。

けれども、なのである。

2020年の年末に、とある強制わいせつ事件の判決があった。『少年ジャンプ』で連載中だった『アクタージュ』という人気漫画の原作者の男性が、自転車で追い越しざまに中学生の胸を触った事件。原作者の逮捕により連載は打ち切られた。

大きく報道されたこともあって判決の傍聴は抽選になった。とはいえ傍聴希望の列に並んだ人は20人いるかいないか。男性が加害を認めていて争いがないこともあり、注目度は低かったのかもしれない。

友人と一緒に並んで、どちらも当たったので2人で法廷まで行った。東京地裁では入り口で荷物チェックがある。今回の場合は法廷の前でも荷物チェックがあり、録音や撮影機能のある機器がないかを調べられた。大きめのカバンは預けて、中に持ち込むノートや貴重品については全部自分で開いて警備員に中を見せなければいけない。傍聴人よりも警備員の人数のほうが多いぐらいで、大変物々しい雰囲気。女性の傍聴希望者には女性警備官がチェックを行うという配慮もあった。

注目度の高い性犯罪の裁判をいくつか傍聴してきたけれど、法廷前で荷物確認されたのはこれが初めてで、なるほど有名人の裁判とはこういうものなのだなと思った（とはいえ、有名人が被告人ではない裁判で厳重警備のこともある）。

4つ並んだ座席の中2つが着席不可だったので、友人と私は端と端に座る。開廷まで5分ほどとなったところで、報道の人たちが入ってきた。記者さんには一般の傍聴希望者とは別に記者席が用意されている。彼らが着席したのを見て、横で友人がプッと吹き出した。

記者たちは私たちの座席の前の4席に4人で座ったからだ。記者席には着席不可席がない。そう、記者席ではソーシャルディスタンスが保たれていない!

私はこれ以前にも記者席だけが密の様子をたびたび見かけていたので驚かなかったが、友人が笑うのも無理ない。

他の傍聴席では、前後も人が重ならないように、1列ずつ交互に着席可能席が設けられているのである。でも前に座っている記者席が密であることで、必然的に私たちも密っぽい圏内に。

怒ってるのではなくて、もはやコントかな? と思う間抜け感がある。私の中のスタンダップコメディアンが「おやおや、記者さんには先行してワクチン接種が行われているのか〜い?」と肩をすくめ始める。

しかしここで書きたいのは、フリーランスは記者席に入れないのに大手マスコミはいいな! ということではなく、記者も自分で自分にツッコめよ! ということでもない(ツッコんでくれてもいいけど)。

なんていうか、ああ、これが本音と建前ってヤツだなと、しみじみと感じるのである。

　記者会見で、記者席がやや密状態なのを見たこともあった。カメラに映る記者席はディスタンスが取られているが、それを撮影するカメラマン席が密な状態であることもある。

　三密を避けなければいけないことは誰もが心得ている。心得てはいるが、現場ではこれまでの習慣や論理が先行してしまう。


　友人が吹き出したのは、法廷に入る前にこんな話をしていたからでもある。

　裁判所の地下にあるコンビニに立ち寄ったときに、彼は「お釣りを手渡ししないコロナ対策、さすがに裁判所だとちゃんとやってるんですね」と言った。現金をやりとりする際はトレイに置いて、直接渡さないコロナ禍のマナー。他の場所では守ってる店員をほとんど見たことがなかったという。

　裁判所だからそのあたりはしっかりしてる……かと思いきや、肝心の法廷で記者席が密だったというオチ。


　この裁判所の判決から少し経った２０２１年２月。森喜朗さんが世界的に大炎上した。東京オリンピック・パラリンピック大会組織委員会の会長だった森さんは、2月3日に行われたJOC（日本オリンピック委員会）臨時評議委員会の席で「女性がたくさん入っている理事会の会議は時間がかかります」「私どもの組織委員会に女性は7人くらいおられますが、みなさん、わきまえておられて」などと言ってしまった。

翌日に行った謝罪会見ならぬ逆ギレ会見では記者に「面白おかしくしたいから聞いてるんだろう」などと不貞腐れ、辞任するかと思いきや組織委から泣いて引き止められたなどという内輪の理屈で「森ちゃんは辞めへんで！」し、しかし事態が収まらないことに焦ったのか、いったん「問題は終了した」と声明を出していたIOC（国際オリンピック委員会）が「絶対に不適切で取り組みに反する」と手のひらをかえしたことが応えたのか、2月12日に辞任を表明。しかしここでも、「（女性差別発言とされたことは）解釈の仕方だと思うんですけども」「意図的な報道があった」などと、潔くない姿勢を貫いた。

一連の森喜朗さんの言動を見て、この人は本当に周囲から守られているんだなと思った。周囲に分厚い壁があり、世間からどれだけ顰蹙《ひんしゅく》を買おうとも、「いやいや、私たちは会長の真意をわかっていますから」「マスコミにあげつらわれて、本当にお気の毒です」と言ってくれる人がいるんだろう。そうでなければ、ここまで自分を客観視できない事態にならないと思う。

後任の会長が議論されている際に、森さんが「相談役」に就任する噂さえあった。彼のメンツを潰さないために身を粉にして尽くしてくれる人の多さよ。

この騒動で明らかになった、日本社会が温存する「差別問題への対応は大事。でもおじいさんのメンツを立てることはもっと大事」的な雰囲気についてはいくらでも書いていたいけれど、フェミとして言いたいことはそれ以外にもある。

女性は話が長いと言って笑う風潮なんて、もうずっとずっとずーっとあったよね。日本で女として育ってっていうのは、「女は感情的」「女は論理的な話ができない」「女はすぐ泣く」「女はヒステリック」「女は生意気」みたいなあざけりや、「女は男を立てろ」「男を立てる女が結局賢い」「もの言う女はバカを見る」「発言する女はモテない」などの黙れという圧を体中に受けながら育つことである。

森さんだけじゃなくて、ずっと言ってたじゃないですか。「女は○○」を。

この森さん発言から約1年前の2020年1月、なぜか民放各社のワイドショーがこぞって女性専用車両バッシング報道をしたことがあった。1本のネット記事だけを根拠に「女性専用車両に乗らない女性が増えている?」と見立て、実際に乗りたくない女性が増えているというデータ的な根拠はゼロにもかかわらず、「なぜ乗りたくない女性が増えているのか」という体で、専用車両内での女性の言動を揶揄《やゆ》する内容だった。ＴＢＳの『グッとラック！』や『Ｎスタ』でも報道されたが、私が確認した中でもっとも酷かったのは、テレビ朝日の『モーニングショー』。

モーニングショー曰く「女性専用車両では、男性の目がないから周囲の視線を気にせずスマホに没頭」していて、「女性は新作のマイナーチェンジに目を光らせている」から、同じブランド品を身につけている女性同士でマウンティングが始まるのだそうだ。

スタジオでは男性ゲストが大袈裟に驚いてみせたり、専用車両に乗りたくないと言った女子アナを「じゃあ加齢臭車両に乗ってくれる？」などとからかって遊んでいた。森発言についてモーニングショーがどんな風に取り上げたのか知らないが、「女は朝からマウンティングしあってんですよ！　あいつら脳みそゴリラだから！」ぐらいの放送をしていた人たちが、森さんに苦言とか絶対できないだろう。

まあマスコミだけじゃない。どこの業界だって言い続けやり続けてきた「女は○○。だから男社会から排除します！」。だけど、森の親分が五輪の舞台で言って海外にバレちゃったら、突然のアウト判定。

待てよこれは覚えがあるぞと。

まだ誰も五輪が本当に延期されるなんて思っていなかった2018年の夏にこんなことがあった。ジャカルタで開催されていた第18回アジア競技大会で、バスケットボール男子の日本代表選手が現地で買春をして選手団から外されたのだ。

当時の記事には「ジャカルタ特別州の法律で買春は禁錮刑あるいは罰金刑に相当する」と書かれている。

最初に報じられた記事では「〈アジア大会〉バスケ男子処分へ　公式ウエアで夜の歓楽街」などとタイトルが付けられていた。

現地の法律に触れたからアウトだったのか？　公式ウエアで「夜遊び」したからダメだったのか？

なぜ腑に落ちないかといえば、男が風俗に行くことなんて、これまでさんざん見逃されてきたじゃんって思うからだ。日本では売買春は違法だけど、それは建前であって、ソープランドの個室で「出会った男女が恋に落ちて性交に至る」ことが行われているのは割と誰でも知っている。サラリーマンが出張先でデリヘルを呼ぶのとか、隠さずに堂々と話す人もいる。海外で日本人の男性観光客の一部がどういう「遊び方」をしているかもよく知られている。

グレーゾーン、暗黙の了解、裏の世界のWin-Winが世の中にはあるんだとか言われて、そしてそれに眉をひそめれば、若い女なら「大人の世界を知らないね」と笑われ、年取った女なら「クソフェミババア」と青筋立てられたりしてきた。

いつもいつだってそんなだったのに、海外で日本代表が公式ウエアを着たまま女を買ったとなると話が変わると。それは「日本の恥」だと。急にキリッとなる。その変わり身の早さに驚く。フェミもびっくり。

当時、朝の情報番組で「でも女性だって納得して売ってるわけですから」みたいな擁護をした男性MCがいたそうで、それを聞いて逆に安心した。そうそう、そうやっていつだって正当化してきたじゃん、男の性欲おっぴろげ文化を。

女性蔑視も女性差別もいくらでもやらかすし、それが当たり前。だけどそれは国内だけで内向きにやっていいことで、海外にバレた時点でアウト。国内の女の抗議はうぜえから潰すけど、海外からの顰蹙はヤバくなる前に「反省してます」する。そういう本音と建前の使い分け、教科書に載っているわけでもないのに自然と踏襲されているのはどういうことなのか。よくわきまえておられる、ということか。

祟りと滅び

少し前、ネットフリックスで配信されていたドラマシリーズ『呪怨：呪いの家』を見た（以降、本作のネタバレを含みます）。呪怨といえば全身が白い男の子・俊雄くんや、リングの貞子に匹敵する最凶キャラ・伽耶子が出てくる映画版が有名だが、2020年に公開されたドラマシリーズでは舞台となる呪いの家は同じであるものの、彼らは出てこない。

物語の始まりは1980年代後半で、ある1軒の家にかかわってしまった何人かの登場人物の人生が次第に交差していく。彼らはずっと「呪怨」の影に怯え続けている。登場人物たちの背景ではたびたび、実際にあった事件、たとえば幼女連続殺人事件や女子高生コンクリート詰め殺人事件、地下鉄サリン事件などを彷彿とさせるニュースが流れる。何かを象徴するかのように。

一緒に見ていた夫は、この演出はあまり好きではないと言った。これまでのシリーズでは呪怨の正体が何かわからないところにすごみがあったのに、現実のニュースとリンクさせるような仕掛けは野暮じゃあないかと。

ネットのレビューの中には、レイプシーンがあったり、その女子高生がなぜか自分をレイプした相手と駆け落ちする展開に違和感を持つと書いている人もいた。

そういう批判も、なるほど、そう思うのもわかる、と思う。その一方で私は『呪怨：呪いの家』を気に入ってしまった。すとん、と腑に落ちてしまった。

たぶん、その頃に取材していた内容と結びつけながら見たからだと思う。ドラマの中では、実母から養育放棄された女性・聖美が、とことんひどい目に遭う。転校先で目をつけられ、騙されて呪いの家に連れ込まれ、そこでレイプされ、同時に何かに取り憑かれる。その後も、一緒に暮らし始めた男からDVを受け、シングルマザーになり、貧困のため性搾取される。

こんなひどいことはドラマの中だけ……ではないことを見聞きしてきた。家庭内で虐待された少女が夜の街をさまようちに大人の男からターゲットにされるケース。働き始めた職場で性暴力被害に遭い、被害を訴えたら被害者のほうが辞めさせられたケース。痛めつけられた側はいつまでも復帰できず、やった側は華々しく活躍を続けていることもある。

これまで延々と続いてきたのだ。暴力と無視が。福祉にも法にも世間にも救われない女と子どもたち。理不尽な暴力に見舞われ、声を出せず、ようやく訴えようとしたら証拠がないと言われ、隠蔽され、迫害され、嘲笑され、頭がおかしいと言われてコミュニティから追ん出されている。追ん出されたが最後、そうされた側に非があったことになる。そうやっていじめ倒され、差別されまくった事実もまた歴史教育の中で後回しにされ、記憶されない。

いやー、もうこれ祟るしかないんじゃないか？　と思っていたときに見たのがこの呪怨である。

女性への暴力を記事にするたびに「大変なのは女だけじゃない！」というような反発があるけれど、本当はどれだけのことを女性にしてきたか知ってるんじゃ？　昭和・平成の報道がちりばめられたドラマ『呪怨』は、高度経済成長とその後の失われた30年間の中で、土に埋められた赤子の、搾取され続けた女の、その恨みを肯定している気がした。後ろめたさが作らせたドラマではないかとすら思った。

ドラマの中で、ほとんどすべての受難を引き受ける聖美は、呪怨の主ともっとも近しい存在として描かれている。

そしてエンディング曲は『Sonkayno』という。アイヌの女性ヴォーカルグループ

MAREWREW（マレウレウ）が歌っている。印象的な「ソンカイノ〜」のフレーズが輪唱で重なっていく歌で、1回聴いたら頭に残る。ある時期、原稿を書きながらずっとこの曲をかけていた。

日本が行った同化政策によって言葉や文化を奪われたアイヌの女性たちが歌う歌をこのドラマのエンディングにしたのは、偶然と思えない。数百年恨まれても仕方がないことをした。わかっているからエンディングに選んだ、そうであってほしいと思った。ただの願望だけど。

2021年3月、日本テレビが情報番組『スッキリ』の中でアイヌ民族への「不適切な表現」があったことを謝罪した。

「不適切な表現」とはどのようなものだったのか。『スッキリ』ではこの日、アイヌの女性を取材したドキュメンタリー番組がHuluで配信されることの告知をした。お笑い芸人が謎かけをしながら配信番組の告知をするのは恒例のスタイルだったらしい。リスの着ぐるみを着た芸人のやった謎かけがこうだ。

「この作品とかけまして動物を見つけた時ととく　その心は〜！」

「あ、犬！」

「ワンワンワンワンワン！」

「この作品を見てアイヌの美しさを堪能しよう！」

テロップ入りで、「あ、犬！」の上に（アイヌ）と表記されていた。テロップ入り映像であることから、これが生放送で急に芸人がこのネタをやったわけではなく、他のスタッフも確認済みの映像だったことがわかる。

「アイヌ」を「あ、犬！」とかけて侮辱する行為は、アイヌ民族への差別の中で繰り返し行われてきた表現だ。誰でも思いつくようなかけ言葉だからこそ、差別意識を持つ人が好んで繰り返し使ったことは想像にたやすい。

なんでこんなあからさまな差別表現が、影響力の大きいテレビ番組で堂々と行われたのか。これに輪をかけて嫌な気持ちになったのは、ネット上では番組を擁護する声も少なくなかったからだ。

問題があった当日にすぐ謝罪をしたからいいじゃないか、差別の意図はなく無知だっただけなのだから謝罪をしたなら許すべきだ、自分もこれが差別表現とは知らなかったから制作側を責められない、謝罪したのに叩くのは不寛容、多様性尊重というのなら無知も多様性に入れて許そうよ。擁護する人たちがネット上に書き込んでいたのはこんな内容だ。

マスコミといえばいつもはネット上で「マスゴミ、マスゴミ」と叩かれる存在だ。マスコミの強引な取材方法や、不倫した芸能人を責めすぎる記者会見は最近では批判される。ツイッターにリプライを送っての取材依頼は「手抜きだ」「現場でちゃんと取材しろ」と攻撃の対象になる。だのに、マスコミの少数民族への不勉強については、ここまで擁護されるとは。

テロップで「殺鼠剤《さっそ》」を「殺ちゅう剤」と間違えたニュース番組は、鬼の首を取ったかのようにネット上でネタにされ続け、叩かれ続けているのに。日本語の不勉強＞＞差別への不勉強、なのですか？

あれほど憎まれていたはずの「マスゴミ」が、マイノリティ差別のときだけ「まあまあ、謝ったんだから」と擁護される。なんて歪《いびつ》なんだろうか。マイノリティによる差別への抗議がある水準を超えないように見張るチェッカーがいるかのよう。チェック機能が人々の意識に刷り込まれているかのよう。

とはいえ当然指摘したいのは、番組の姿勢である。

翌日、オンラインに素早く記事を出したのは週刊女性ＰＲＩＭＥ。記事タイトルは「日本テレビの謝罪は〝逃げ口上〟『スッキリ』差別発言、生かされなかった10年前の事件」。日テレが「当該コーナーの担当者にこの表現が差別に当たるという認識が不足しており、報道前の確認も不十分でした」とコメントを出したのに対して、担当者がチーフディレクターなのか、デスクなのか、プロデューサーなのか、どのポジションの人間なのかわからないと指摘している。つまり責任の所在を明確にしていない。その通りだと思う。

また、制作ルームは20～30代がメインで、プロデューサーが40代、人件費が安くすむから若手を使っていることを、日テレの番組スタッフだった男性が証言している。「コスパジャーナリズム」に陥っているとの指摘もある。

映像メディアの中にはあまり良くない労働環境に置かれている人もいることは知っている。若手が酷使され、勉強する時間もない状況とも聞く。そのような状況の人をさらに追い詰めるようなことは言いたくないとは思うけれど、それでも、あまりにも……。

『スッキリ』が紹介したドキュメンタリーは、『Future is MINE―アイヌ、私の声―』だ。『Future is MINE』は女性をエンパワメントする意図のシリーズで、この回では北海道・阿寒湖に生まれた萱野りえさんを取材していた。萱野さんはマレウレウのメンバーでもあった。マレウレウの活動を休止した彼女がアメリカ南東部の先住民・セミノール族の人々と交流する姿を追っている。セミノール族の女性から「私のすることは全て先人の夢である」という言葉を教えられ、「りえは多くの知識を持っているのでそれを表現してほしい」と背中を押される。

ドキュメンタリーの中では、母や姉の歌や踊りを見て真似していた彼女が、小学生になって「アイヌ、アイヌ」と言われ「アイヌである自分が嫌いになった」と語られていた。大学で「必死でアイヌ文化を勉強しようとしていた」こともわかる。先住民族だったアイヌが、文化や言葉だけでなくその土地に住む権利さえ奪われたことももちろん紹介されていた。

『スッキリ』の告知担当者は、このドキュメンタリーを見ていないと思う。見ていたら、「この作品を見てアイヌの美しさを堪能しよう！」などという陳腐な紹介文を書けるだろうか。観光名所の紹介映像か何かと勘違いしている。悪意なんてないのだろう。悪意を持つのにだって、少しの興味関心は必要なのだから。

「知らなかったんだからしょうがないじゃないか」という言葉は残酷だ。差別や迫害、あるいは侵略の歴史を見えないようにしてきた事実に対してあまりにも鈍感だと思う。

今やテレビや新聞に、昔ほどの権威はない。今回の顚末を見て、ワイドショーの中の人たちはもはや自分たちがメジャーであるという矜持がないのだろうなと思った。特権性や権力性を自覚し、マイノリティへの視点を育む。それができずに、ただマスにとってわかりやすいだけの番組作りをしている。
滅びの道を自ら選んでいる。

男の本能にエビデンスはいらないんだって

２０２1年6月のはじめに世間を賑わしたニュースのひとつがこれ。

「50歳近くの自分が14歳の子と性交したら、たとえ同意があっても捕まることになる。それはおかしい」

最初に出た報道では、立憲民主党の性犯罪に関する刑法の改正を考えるWT（ワーキングチーム）でこんな発言をした議員がいたらしい……ということだけで誰だかわからなかった。

しばらくして発言者が56歳の本多平直議員と報じられた。刑法学者の島岡まな教授が招かれ、性交同意年齢の引き上げ議論が交わされる中での発言だったという。

報道後、本多議員は発言を撤回（＊1）。年齢引き上げ議論の取りまとめを見送ったと報道されていた立憲民主党は一転して13歳から16歳への引き上げ案をまとめた。

大きく報じられたので、フェミニストや性被害当事者コミュニティ以外の友人たちも、この件を知っていた。その年頃の子どもを持つ友人は「なんなの？　信じられない」と絶句していた。

ねーほんと、信じられないよねと相槌を打ちたい一方で、こういうことを言うのはこの議員だけではないし、むしろこのような声のほうが大きかったことを私たち改正を求めてきた者は知っている。

本多議員の言っていることは、単なる事実でもあるのだ。だって2021年6月の時点で、日本の性交同意年齢は13歳（＊2）。日本の刑法上では13歳になったら「その相手とセックスするかどうかを自分で判断できる」と考えられていたのだ。このことを私は最初の著書の中でも書いた。この部分がもっとも反響があったという事実は、「性交同意年齢＝13歳」があまり知られていない現実をシンプルに示しているだろう。

13歳になった時点で、どれだけ年齢の離れた相手から性的行為を求められた場合でも、しっかり目に見えるかたち、相手に伝わるかたちで抵抗しなければならないし、もしそれがレイプだったと訴え出た場合には、相手からどのような暴行・脅迫があったかを説明・立証する責任が被害者側にある。13歳の被害者にとって、こんなに過酷なことがあるだろうか。13～14歳の性被害は当然あるし、実際にこの立証の壁に阻まれ事件化していないケースを支援者たちは目撃している。被害者支援をする弁護士さんから「13歳の誕生日に被害に遭ったケースもある。加害者側が同意年齢を知っていて13歳を狙っているのではないかと思うほど、被害相談で13歳をたびたび目にする」と聞いたこともある。

２０１７年、１１０年ぶりに性犯罪に関する刑法は大きく改正されたが、このときにも性交同意年齢の引き上げは叶わなかった。引き上げてくださいと言っていた人たちはいたが阻まれた。

阻んだ側の理屈が、条例があるから良いとか、子どもの意思決定権を阻害するからとか、お隣の韓国も13歳だから、とかだった。２０１７年時点では韓国も性交同意年齢が13歳だったのだが、２０２０年に16歳に引き上げられた。そのほかの国の性交同意年齢については検索すると出てくるので調べてみてほしい。日本は国連から２００８年の時点で引き上げるべしと勧告を受けている。

引き上げ反対派の意見を根強く支えているのが、加害者側を弁護する刑事弁護人や刑法学者たちだ。彼らは基本的に国家権力による刑罰を重くすることには最大限慎重にならなければならないという立場なので、被害者に寄り添った改正にも警戒感を示す。

2017年の改正時に、日弁連（日本弁護士連合会）が性犯罪刑法の改正に一部反対の意見書を提出し、被害当事者や支援者など57団体が抗議したことがあった。日弁連はこの意見書の中でなんと書いたのか。新たに設けられることになった監護者性交等罪に反対して、次のように述べたのだ。

「自由意志による性交を処罰するのは国家による過度の干渉である」

うん、それはわかる。

「13歳以上の者は性交の意味を理解することが可能であるから、相手方が監護者であるからといって直ちに真摯な同意がないとみなすことはできない」

いや、それはどうだろうか。

「13歳以上の者は性交の意味を理解することが可能」というのは、もちろん性交同意年齢が13歳であるからこのように言っているのである。監護者とは親や養親のこと。12歳以下の子どもを相手には性的行為をしてはならない。なぜなら理解できないから。けれど、13歳以上であれば理解できる。そして、親や養親から性行為を求められたときに真摯な気持ちで同意する子どもだっているだろうと、日弁連は言っているのである。大真面目に。

日弁連の意見書は通らず監護者性交等罪は創設されたが、これは子どもが13歳以上

18歳未満の場合が対象だ。つまり、18歳以上の子どもが親や養親とセックスした場合「ただちに違法とはならない。だって同意があるかもしれないから」なのだ。親子でセックスしたい人の自由を守るために、親から望まない性交を強いられ続けて18歳になった子どもがそれを訴えるときに高いハードルが設けられているのが現実だ。2019年3月の名古屋・性虐待無罪判決が有名だろう。この事件で名古屋地裁岡崎支部の裁判官は、被害者の女性が中学生の頃から実父から性虐待を受け続けていた事実は認めつつ、控訴事実である19歳になってからの2件の強制性交について、女性の状態が法律上の抗拒不能の要件を満たさないから無罪としたのだ。女性が父親に言い返したり抵抗して性的行為を防げていたこともあると。この裁判結果には驚きの声が多く上がった。高裁で逆転の有罪判決となり確定したが、この無罪判決をきっかけに、日本では親子間の性交がただちに違法になるわけではないという事実を知った人も多いのではないだろうか。

話を元に戻すと、日弁連は2017年の刑法改正時に、13歳以上であれば親や養親と真摯な性交をする子どもがいないとは言えないという意見書を出していた。ほとんど報じられていないから世間に知られていないだけの話である。本多議員の発言でびっくり、どころじゃない。でもこのような意見に反論すると、法曹エリートたちから

「法的な議論の中で可能性の話をしているんだから」とか「性の多様性を知らない」とか「推定無罪や検察の立証責任について知らない大衆に日弁連がわかりやすく教えてあげる必要がある」とか言われ、こちらが冷静でない人間だということにされる。

　確かに可能性の話をすれば、誰とセックスするかを自分で選ぶことができる13歳や、相手が親でも真摯な気持ちで性交に同意する13歳は、世界のどこかにいるのかもしれない。どこかにいるかもしれない、その幻の存在に、現実の被害当事者たちの声は踏みにじられ続けてきた。

　本多議員の発言が報じられてから数週間後の6月末、フラワーデモの主催者たちが立憲民主党に申し入れを行うというので同席させてもらった。フラワーデモとは、2019年3月に相次いだ性犯罪の無罪判決に抗議する目的で始まったデモで、毎月11日に全国各地で開催されている。

　申し入れに対応したのは、福山哲郎幹事長、泉健太議員、徳永エリ議員、打越さく良《ら》議員の4人だった。

　本多議員の発言が撤回されたこともあり、福山幹事長らは最初は申し訳ないという態度だった。けれど面談が終盤に差し掛かり、議論のまとめに入る頃には結局「私たちは皆さんとは逆の立場の意見も聞かなければなりませんので」という。逆の立場とはどういう人かと聞くと、刑法学者や刑事弁護人だという。

彼らが本気で気づいていないのか意図的に隠しているのかはわからないが、結局それは性犯罪加害者の言い分も聞かなければならないという話である。13歳と合法的に性交したい大人の意見も聞かなければいけませんという意味だ。

被害当事者たちはときに顔や実名を出してその被害を語り、刑法の改正を求めている。声を上げればバッシングされ、ネット上で弁護士を名乗るアカウントからさえ暴力的な言葉を浴びせかけられることがある。

けれど13歳と性交したいから性交同意年齢をそのままにしたいと思っている人たちは、顔を出して語らなくても刑法学者が代弁してくれる。「相手方が監護者であるからといって直ちに真摯な同意がないとみなすことはできない」とか、スーパー頭のいい人たちが熱弁をふるってくれる。

まったく不公平な議論だと思う。代弁者は傷つくことがなく、被害当事者たちだけが傷を負いながらの議論を余儀なくされる。

申し入れには、石田郁子さんも一緒だった。彼女は中学生の頃に教師から「恋愛」だと思い込まされて性被害に遭い、40代になってから民事裁判を起こした人だ。裁判は敗訴したものの、性暴力があった事実は認められ、教師は懲戒免職となった。

石田さんは北海道出身。奇遇なことに本多議員の選挙区に住んでいたそうだ。ひとおり議員さんたちの話を聞いた後で、彼女は言った。

「私たちが教師から性被害に遭った人たちのアンケートを取ったりして、根拠を持って説明しているのに、なぜかいつも真摯な恋愛はあるというロマンティックな話をされる」

「真摯な恋愛の定義って何なのですか?」

まったく彼女の言う通りで、被害当事者の語りも、年の離れた成人との性行為がローティーンにどのような悪影響を及ぼすかを研究した論文も、数百人の性被害者が回答した実態調査も、「真摯な恋愛が行われる可能性もある」の一言で混ぜっ返される。決して少なくない被害当事者らが見た現実よりも、ロマンティックな妄想が強く共有されている。

じゃあさ、13歳と恋愛した成人を連れてきて語ってもらおうよ。その真摯な恋愛の実体験を、性交同意年齢を引き上げない理由として語ってもらおうよ。

しかしそのような説明責任や根拠の提示が、引き上げ反対派に課せられることはない。まったく不公平な議論だと思う。

追記

＊1　本多議員はその後『文藝春秋』２０２２年6月号の寄稿記事「『14歳と性交』捏造発言で立憲民主を去った私」で、問題となった発言は捏造されマスコミに出回ったものであり、当時の発言撤回と謝罪については福山幹事長の提案により「穏便にことを収めようと事実でない『発言』を認め」たと綴っている。

＊2　２０２３年2月に法務省から発表された性犯罪に関する刑法の要綱案では、性交同意年齢を16歳に引き上げ、13歳以上16歳未満の場合は年齢差要件をつける案が示された。

海の近くの裁判所

7月14日、友人の記者さんからLINEで、ある性犯罪の記事が送られてくる。

「性被害から14年後に診断」
「PTSD、傷害認定争点 横浜地裁支部16日判決」
「時効成立左右」（2021年7月14日付・毎日新聞朝刊）

たくさんのキーワードが詰め込まれた見出し。見出しだけでは何がどう書いてあるかわかりづらいかもしれない。ざっくり説明してみる。

強姦事件の発生から15年後に逮捕された犯人がいる。

被害者は被害に遭った当日に警察に届け出て、犯人のDNA型を採取していた。けれど強姦罪（現在は強制性交等罪）の時効である10年が過ぎても犯人が見つからなかった。事件発生から13年後の２０１８年10月、別事件の関係者としてある男のＤＮＡ型を採取したところ、当時採取していた型と一致。この男が犯人であることがわかった。

強姦罪の時効成立後でありながら逮捕・起訴できた理由は、警察と検察が被害者の負ったＰＴＳＤ（心的外傷後ストレス障害）を「傷害」であり強姦致傷罪が成立すると判断したからだ。強姦致傷罪や強制わいせつ致傷罪の時効は、強姦罪よりも長い15年なのだ。ただし、強姦致傷罪や強制わいせつ致傷罪の「致傷」は身体的な傷害であることが多く、今回のようにＰＴＳＤをもって致傷とするケースは珍しい。

男が犯人だとわかってから警察は被害者がＰＴＳＤであるという診断を取り、２０２０年6月に逮捕した。強姦致傷罪の時効を迎える1カ月前だった。ＰＴＳＤの診断結果がもしも裁判で認められなければ強姦致傷罪は成立せず免訴となってしまう。

逮捕時の報道を見て、被害者支援の知人たちと「被害者さん、頑張ったね」「裁判で良い判決が出るといいね」と言い合ったのを覚えている。

時効など法の壁に阻まれる性暴力の被害者は多い。

たとえば２０２１年の３月には、10代の頃に繰り返し母親の交際相手から性暴力を受けていた女性が大人になってから被害を訴えた事件で無罪判決が出た。判決では女性の当時の日記などから性虐待が繰り返しあったことは認められたが、公訴事実となった事件当日に行われた行為が強姦ではなく強制わいせつだった可能性があり、強制わいせつであれば時効が成立していると判断された（２０２１年３月15日横浜地裁川崎支部判決）。

被害者支援の現場にいれば、起訴もされないケースを含めれば1年に何度もこんな話を聞くのだから、裁判までたどり着けた人を祈るような気持ちで応援したくなる。

7月14日の記事を読んで、16日に横浜地裁小田原支部で判決が出ることを知った。最初から行けなかったのは残念だけど、せめて判決だけでも聴きに行きたい。

時間がわからないので裁判所に電話して、被告人の名前を言う。丁寧な対応の職員さんから「その被告人の名前はないようです」と言われて初めて、支部じゃなくて横浜地裁に電話していたことに気づく。すみません、支部のほうでしたと謝って電話を切って、小田原支部にかけ直す。

今度は電話に出た人が、被告人の名前をこちらが言う前に「11時30分です」と言う。あれ、その日はその裁判しかないんですか？　と聞くとそういうわけではなさそうで、どうやら記事を見て私のように電話している人が他にもいるんだなと気づく。抽選ではないですよね？　と重ねて訊ねると、今のところその予定はないです、とのこと。

けれど翌日の15日、記事を教えてくれたのとは別の記者さんが「抽選になってるよ」と教えてくれた。傍聴が抽選になる場合、裁判所のサイトに「傍聴券交付情報」が出る。何日前に交付情報が出るかは状況によって違う。今回はやはり、直前になって記事が出たことで傍聴希望者が増えたと裁判所が判断したようだった。

都内在住の私にとって、小田原はちょっと遠い。てくてく出かけて行って抽選に外れたら残念だけれども、行くことにした。コロナで外出が減る中、遠出するのは久しぶりだった。

抽選に外れたら海を見て、蒲鉾を買って帰ってくればいいし……と、心の保険を用意する。

傍聴券交付情報には、11時までに並ぶように、とある。小田原駅から支部までは徒歩13分ほど。余裕を持って、10時には小田原駅に到着するように家を出た。しかし、危惧した通り小田急線が遅延している。危惧した通り……というのは、私が余裕を持って出かけるとき、つまり絶対に遅刻できない場合に限って電車が遅れるからだ。複々線になってから改善したとはいえ、小田急線はもともと遅延が多い。前日にチラッと「新幹線乗っちゃう?」という考えが脳裏をよぎったのだが、私の中の経理担当がそれを許さなかった。

「○○で安全確認を行った影響でダイヤが乱れており……」とアナウンスが流れるが、下り線の急行があとどのくらいで到着するのかわからない。過ぎる時間、次第に混雑してくる下りホーム、最初から混雑している向かいの上りホーム、募る不安。

思えば私は、こういう不安が苦手で勤め人になるのを避けたようなところがある。イライラと諦めが充満する電車内の空気とか、間に合うかどうかの緊張とか、自分ではどうしようもない組織の力学に巻かれていくこととか。

「安定思考だからフリーランスは無理です」とよく言われるけれど、定時に出社し、定期的に査定され、固定された人間関係を楽しめる、あるいはやり過ごせる人は、安定思考というよりむしろ不安に強い人ではないかと私などには思える。のっぴきならない事情でその定型からはみ出すことへの恐れがない人。

通学や通勤の人が、遅延証明書をもらおうとしているのが見える。そうか、そういえば時間に遅れても遅延証明書があればOKな場所もあるのだななどと考える。判決は私を待ってくれない。

さらに考える。間に合うかどうかが気になって胸はドキドキ、お腹はシクシクしてきたけれど、どうせ間に合ったって抽選に外れるかもしれない。そもそも今日の傍聴は、どこかのメディアから記事化を頼まれているわけではない。聴けなかったところで誰かに迷惑をかけるわけではないのだ。ホーム上にいる他の学生、労働者に比べれば私のマスト度合いは低い。私にイライラする筋合いはあるだろうか。

いやでも、せっかく私も朝早くから準備しましたし。抽選に外れるのと抽選にトライさえできなかったのでは悔しさの度合いが違いますし……。

などと心の中で誰かに弁明しているうちに、電車は20分ほどの遅れで到着した。遅延の影響で混み合っていた車内は下るうちにみるみる空いて、終点の小田原ではほとんど人がいなかった。

横浜地裁小田原支部は小田原城のすぐ近くにある。お堀の脇の整備された道を、背中に7月の太陽を受けながら歩く。裁判所のある道へ曲がると、入り口で職員の男女が案内しているのが見えた。

小田原支部は遠いから抽選ならやめておこう、そう思う人が多くて案外全員入れるぐらいの人数しか並ばないかもしれない。という楽観的な予測は外れ、10時40分の時点ですでに11人が並んでいた。抽選の列は、裁判所の建物の外に並ぶ。私の抽選番号は「12」。

そういえば、朝食のスコーンをレンジで焦がした日、1・2倍ほどの低い倍率の抽選に外れた。あのジンクスに従えば、朝にしくじった日は抽選に外れるのでは？　いやしかし、電車の遅延って私のしくじりじゃないしな。

泰然と待てれば良いのだが、どうしても頭の中が忙しくなる。並んでいる人を見ると、どうも記者さんが多い。記者席が用意されているとはいえ、席数が限られているので抽選に並ぶ記者もいる。今回のような事件は、傍聴マニアの人よりも法曹関係者や記者の注目度のほうが高いだろう。

時間になって係の人が「今から抽選を行います。当選番号をこちらに貼り出しますので、当たった方は番号券と公判傍聴券を交換してください」と案内している。

しばらくして当選番号の貼られたホワイトボードが運ばれてきて、列が進み始める。当選しているとき、自分の番号は遠くからでもなぜか見える。ホワイトボードに「12」はあった。周囲に対して多少の優越感を持って（ごめんなさい）、公判傍聴券をもらう。倍率は3倍ほどだった。

建物はこぢんまりとしていて、抽選だと教えてくれた記者さんが「小田原支部は小さいからなあ」と言っていたのを思い出す。今回の法廷は3階。法廷に入る前に筆記用具以外の手荷物はロッカーに預けなくてはならず、さらに金属探知機によるチェックがあった。

抽選に当たった人同士が話しているのが聞こえ、やはり何人かは記者だとわかる。職員の人の案内でテレビ局のカメラクルーが傍聴席に入る。ニュース番組でよく見る、裁判長の顔が映るあれを撮影するためだ。今回は傍聴人が法廷に入る前に「テレビカメラに映っても良い人は中に入ってください」とアナウンスがあり、いったん中に入っても撮影が終わった後でもう一度法廷外へ出されると言うので、それならと中へ入らない人のほうが多かった。

法廷に入るとすでに裁判長だけ座っている。すぐに警備の人に連れられた被告人が入ってきて、2人いる弁護人のそばに座る。スーツ姿でメガネをかけていて、髪は剃っていない。特に記憶に残らない顔立ち。

被告人の手錠と腰縄が解かれた後、6人の裁判員と2人の裁判官が入ってきた。全員男性。裁判長だけ女性。全員が揃うと、傍聴人もみんな立ち上がって、礼。

ここまでずいぶん時間がかかったが、いったん始まると急に早送りになったかのようにスピーディーだ。

裁判長が被告人を呼んで正面に立たせてから言う。

「主文――」(続く)

16年後の判決

＊性暴力に関する直接的な記述があります。

ちなみに「メモ」を取ることは「レベタ裁判」（アメリカの弁護士ローレンス・レベタが傍聴席でメモを取る許可を七回申請したが認められず精神的苦痛を受けたとして国家賠償訴訟を起こした）の最高裁判決により、「特段の事由がない限り傍聴人の自由にまかせるべき」とされた結果である。（略）

私もこの判例が出る前までは、事前に裁判長に対していちいちメモを取る許可を申請し、仰々しい許可文書を得ていた経験がある。当時、記者クラブ加盟の記者だけは記者専用席に座りメモを取っていたのを疑問に感じていたが、外国人が訴訟を起こし、初めてメモを取ることを「勝ち取った」ことを、どれほどの人が認識して傍聴席に座っているだろうか。私自身も含め、いかに日本が裁判情報の公開性について消極的であるか、疎かったと思う。情報はお上が独占するものだという意識が、この国の社会にはいまだに染みついているような気がしてならない。

藤井誠二『加害者よ、死者のために真実を語れ――名古屋・漫画喫茶女性従業員はなぜ死んだのか』（潮文庫）

私はこれを読むまで、記者クラブ以外の者が傍聴席でメモを取ることに、こんな闘いがあったとは知らなかった。当然のように堂々とメモを取っていたけれど、それさえできない時代があったなんて。

ＩＴ企業に勤める夫は、私が傍聴に出かけて行くたびに「裁判なんてオンラインで中継すればいいのに」とブツブツ言う。オンライン中継どころか、傍聴席での録音も許されていない。今はこれを当たり前だと思っているけれど、そのうち「昔は厳しかったね」となるかもしれない。

ちなみに今回のように法廷前で荷物を預けて金属探知機で確認されるようなケース

は稀で、裁判所に入る際の荷物チェックだけのことが多い。だからカバンの中でこっそりレコーダーを回している記者も中にはいるらしい。私はビビリなのでそんなのしたことがないし、これからもできないと思う。映画に出てくるようなスパイみたいに、あらゆるテクニックを駆使して調査・取材するジャーナリストだったらかっこいいのだが、私はしがない平凡なライターである。

判決文や判決要旨は、判決後に入手できることもある。けれどそうではないこともあるから、裁判長の読み上げを必死にメモする。

佐脇有紀裁判長は、「被告人を懲役8年に処する。未決勾留日数中280日をその刑に参入する」と主文を読み上げた。

免訴に望みをかけていたであろう被告人は下を向いたまま、席に戻る。この後、判決文の読み上げが行われるが、彼の耳にはどのぐらい入っているだろう。弁護人は表情を変えずに座っている。

公訴事実、弁護人の主張、裁判所の判断、量刑の理由が次々に読み上げられていく。

事件は2005年7月19日の午後8時15分頃に発生。ひとりで歩いていた被害者のAさん・当時16歳に被告人は背後から近づき、片腕で首を絞め、もう片方の手に持った刃物を見せて「静かにしろ」と脅して廃屋となったガソリンスタンドに連れ込んだ。そこで手淫、口淫させ、さらに姦淫に及んだ上、持っていた携帯電話でAさんを撮影し、「名前言え」「今日レイプされましたって言え」とさらに脅した。この動画は警察による携帯電話の解析で見つかっている。

被告人が言ったという言葉があまりにも禍々しくて、思わず検察側に立てられた衝立を見上げた。その奥にはAさんがいるはずだ。

犯行から長い年月が経っていた事件だが、DNA型や動画があることから犯人は間違いない。弁護人の主張は3点だった。

(1) 犯行時に刃物を示していない
(2) はじめから強姦する意図はなかった
(3) 被害者はPTSDを負っていないので、強姦致傷罪・強制わいせつ致傷罪は成立しない

判決では、これらの主張はほぼすべて否定された。

(1)について、被告人は刃物ではなく鍵だったと主張。一方で被害者は、最初に脅された際、ガソリンスタンドに連れ込まれた後、顔の前に刃物を突きつけられ「次は

ないからね」と言われた際、口淫させられる際、被告人が逃げる際の、少なくとも四回にわたって刃物を見たと証言。「包丁より小さく、ペンよりは大きい」など具体的な証言をした。

この刃物は見つかっておらず物的証拠はないが、被害者が被害後に友人たちにも「刃物のようなものを見せられた」と話していたことや、「記憶にないことはその旨言うなど供述態度は真摯」であることが重視され、一方で鍵を刃物のように誤解させたという被告人の供述には曖昧な部分があると退けられた。

「記憶にないことはその旨言うなど供述態度は真摯」とは、他の裁判でもしばしば聞かれる。自分に不利なことでもちゃんと話す態度は評価されることもある。ただ当然ながら、記憶が曖昧である、という事実は記録に残る。

インターネット上では性犯罪について「証拠がなくても被害者の証言だけで有罪になる」などという話がまことしやかに語られていることがあるが、そう思う人は何度か性犯罪の傍聴をしてみたらいい。被告人が犯行を否認した場合、被害者は犯行時の話を具体的に証言させられ矛盾がないかを細かく確認される。レイプ時に何が起こったかについて、どのような順番で何が挿入されたかとか、あるいは挿入されたものが指や別の物ではなく性器だとわかったのはなぜなのかといったことについてまで、事細かに具体的に話さなければならない。「被害者の証言だけで」などと言うほど簡単なものでは決してない。

話を戻して、小田原地裁判決の、弁護人の主張（2）に。弁護人の主張は、被告人は最初から姦淫にまで及ぶ意図があったわけではなく、体を触った際に被害者が目立った抵抗を示さなかったことが強姦の契機になった、というものだった。弁護人がその務めを果たさないといけないのはわかるけれども、これでは被害者が抵抗しなかったから、よりひどい被害を誘発したと言っているのと同じ。抵抗できなくさせたのは被告人なのに。

知人の被害者支援関係の弁護士にこれを伝えると「伝統的な二次加害弁護ですね」と怒りを込めた感想を漏らしていた。とはいえ、性犯罪加害者の弁護をする弁護士がみんなこんなかといったらそんなことはない。

少し前に見た裁判では、自宅に侵入した男に襲われた際に「（性器を触られるのは嫌だが）胸ならいいです」と答えた中学生の被害者の発言について、弁護人が「これは被害者が本心から言ったわけではないとわかっていますよね」と被告人に問う場面があった。被害者の態度が加害行為を誘発したなどという言い訳は通らないという意味のことを、あらかじめ弁護人から言ったのだ。

こういう弁護人もいるし、個人的にはそちらのほうが結局、裁判員の心証を良くするのではないかと感じる。けれど、今回の弁護人はどうもそうではなかったようだ。

判決では、被告人がガムテープや手袋を用意していたことや、手淫・口淫・姦淫のどれが良いかを被害者に聞いた上で結局すべての行為に及んだこと、犯行が連続的に行われていることを理由に、弁護側の主張は退けられた。

（３）の「被害者はＰＴＳＤを負っていないので、強姦致傷罪・強制わいせつ致傷罪は成立しない」について、弁護側の主張はいくつかあった。ひとつは、被害者のＰＴＳＤを鑑定した精神科医は被害者心理の第一人者であり、性犯罪の時効延長を求める立場である人物。であるからして、鑑定には中立性を欠くという主張。

「被害者心理の第一人者」と言われるこの精神科医は、小西聖子《たかこ》先生のことである。被害者支援に携わる人でその名前を知らない人はいないし、２０１７年の刑法改正時には審議会で被害者支援の視点から意見を述べた人だ。

判決では、鑑定に用いられたＤＳＭ-５（アメリカ精神医学会が出版している精神障害の診断・統計マニュアルの最新版）などの基準は医師の個性に左右されない合理的な基準であり、予断や偏見が入る余地がないとされ、弁護人の主張は退けられた。PTSDはよく聞かれる言葉になったし、PTSDを負う被害者が多いことも割と知られている。しかし一方で裁判でPTSDが認定されるためのハードルはそれなりに高い。今回は厳格な基準に沿っての診断結果が、裁判でも認められた。

このほか弁護人は、被害者が被害後の夏休み以降は通常通り登校したことなどを挙げて、被害者はPTSDを負っていなかったと主張。被害者の被害後の言動を挙げて、被害の程度は重くないことにしようとする。これもよく見られる弁護手法だ。小西鑑定では、これらは被害者が通常通りに日常を過ごそうと努める「回避」という心理状態のひとつだと説明され、判決はこれを支持した。

判決の読み上げは約30分で終わり、法廷を出ると10人程の記者たちが待っている。弁護人に、控訴するかどうかを確認するためだ。傍聴していた記者同士で「裁判員、全員男性でしたね」「やっぱりそこ気になりました?」と話しているのが聞こえる。

裁判員が全員男性の性犯罪裁判を見たのはこれで2回目だった。ジェンダーや年齢のバランスをそれなりに考慮すると思っていたので最初に見たときは驚いた。候補の中から弁護側・検察側がプロフィールを見て「この人はナシで」と意見を出せるそうなので、女性は避けられたのかもしれない。

うーむ……とは思うが、今回のように、被害者が18歳未満の児童＋見知らぬ相手からの性被害＋凶器アリ＋冤罪の余地ナシという条件が揃った事件の場合、判断に個人差や性差はあまりないように思う。それではどんな場合に差が出そうなのか……ということは、また別の機会に改めて書きたい。

判決を聞いた後、歩いて海岸まで行った。近くの店で購入したアイスコーヒーのカップを片手に。帰りがけに、いつもお世話になっている弁護士さんへのおみやげに蒲鉾を買った。

裁判は非日常ではなく日常の延長にあるものだけれど、密室の法廷から出た後の日差しの強さには、やっぱりくらくらした。

3

フェミと政治とインターネット

エモよりデモを（1）親ガチャ・DHC問題

＊文中に外国人に対するヘイトスピーチを引用しています。

1年で首相を退いた菅義偉さんの最大の功績は「自助・共助・公助」と言ってくれたことだと思う。あれはわかりやすかった。政治に疎い私でも、公助には最後まで頼ろうとするな面倒くせえ、というメッセージをはっきりと受け取ることができた。「自分のことはまず自分で」とは一見正しく美しい言葉だが、為政者がそれを使うのは違うだろう。怠けている国民がいまーすって、国民をまず疑うところから始めている。業績が悪いのを社員のせいにする経営者がいたら、ただの無能なのに。

第2波フェミニズムのスローガンは「個人的なことは政治的なこと」だが、社会問題を何がなんでも個人の問題だということにしておきたい大人の姿はさまざまな場所で目にする。

「親ガチャ」という言葉がある。2010年代の終わり頃からツイッター上でしばしば見かけるようになったと記憶している。カプセルトイが流行り、コンプガチャの問題が指摘されたのが2012年頃。要はくじ引きなのだが、ユーザーは目当てのアイテムが出るまでオンライン上で課金を続けてしまう。

「ガチャ」が語呂の良い言葉だったからだろう、しばらくして「○○ガチャ」の○○の部分にいろいろな言葉を当てはめて使われ始めた。「氷河期世代は時代ガチャに外れた人たち」のように。

最初に「親ガチャ」を目にしたときから、これは軽薄に見えて現代の若い人の生きづらさが込められた言葉だと私は思っていた。

ツイッター上では匿名、半匿名で自分の置かれた境遇を語る若者がいる。経済的な問題で大学進学を諦めた人、虐待を受けながら育った人、親からの過干渉に耐えてようやく逃げ出した人、親に売春して稼げと言われている人。家が安全地帯でない若者は、外でトラブルが起こったときにいったん退避する場所がない。だから傷を癒すのも容易ではない。

取材でもさまざまな境遇の人の話を聞くことがあるが、彼ら彼女らのリアルタイムでの表現であるツイッター上の独白は、ときとして会って話を聞くよりも生々しい。学歴社会なのに大学の学費は高騰し続ける。この1点だけをとっても、今の若者のプレッシャーは相当なものだと思う。

私とはまったく違う受け取り方をする人たちがいると知ったのは2021年9月頃。にわかにテレビのワイドショーが「親ガチャ」を取り上げ始め、出演した人気タレントが「嫌な言葉ですね」と語ったことが報道された。他の出演者やアナウンサーらも口々に語ったという。

「金持ちの子はそれなりにストレスがある。親は必死に育ててくれた」

「親になってから親のありがたみがわかった。親ガチャとか言っている学生たちは、自分が親になったときに後悔すると思う」

おそらく彼らは「親ガチャ」という言葉を使う若者を、単なるちょっとわがままな学生だと思っている。ネット上でどのように使われてきたか、私の見ているものと違う。

さらにヤフーのトップページには、臨床心理士でもあるという准教授が、ネット番組でこう語ったという記事が載った。

「親ガチャのハズレはそんなに多くないと思っている」

うん、知っている。弱者からの訴えが「ほとんどない」ことにされて放置される現実。

さすがに一部の知識人たちは格差社会と結びつけて論じていたが、それにしてもワイドショーなどでの単純な消費のされ方と矮小化に驚いた。個人の認識の問題なのだとはなから決めてかかっている彼らを見て、「親ガチャ」はやはり日本社会に対する若者からのカウンターなのだという思いを強くした。

この見ているものの違いはなんなのだろう？　そう感じたのは今回が初めてではない。

2020年11月、株式会社DHCの公式サイトに吉田嘉明代表取締役会長CEOの署名で、とんでもない文章が発表された。

「サントリーのCMに起用されているタレントはどういうわけかほぼ全員がコリアン系の日本人です。そのためネットではチョントリーと揶揄されているようです。DHCは起用タレントをはじめ、すべてが純粋な日本企業です」

この文章はその後削除されたが、吉田会長の暴言は続き、翌年4月以降には問題を取り上げた報道機関について「コリアン系は日本の中枢を牛耳っている」「NHKは日本の敵」など差別発言を繰り返した。DHCへの署名など抗議行動が起こり、DHCとの包括連携協定を解消する方針を表明する自治体もあった。DHC商品のコンビニでの取り扱い停止を求める署名は5万筆に達した。

このときに驚いたのは、知人の広告代理店関係者のフェイスブックでの投稿だった。彼は問題となった吉田会長の文章をシェアし、「サプリ業界全面戦争に突入かw」「すがすがしいほどメーカー名だしてるw」と書き込んでいた。「w」は、ネット上で「笑」の意味で使われる。彼の投稿は、会長の文章に含まれる差別発言を〝すがすがしいほど〟に無視し、日本ではあまり行われないライバル企業の名前を出しての宣戦布告をただ面白がっていた。

吉田会長の文章のタイトルは「ヤケクソくじ」で、顧客に向けて毎月抽選で1万円が当たるくじをなぜ企画したのかの説明でもあった。「(他社は)DHCなら500円で売るものを5000円近くで販売している」とも書いていた。

彼はこういった部分に着目し、大企業の経営者が「ヤケクソ」を書くのが面白いと感じたのだろう。確かにそこまでであれば、ただの大人気ない暴言あるいは「炎上マーケティング」で片付けられたかもしれない。けれど、その後に続く差別発言は許されることではない。この、差別をさっくりスルーできる神経はどこから来るのだろうか。

その投稿のコメント欄は、さらに恐ろしかった。同じ広告業界だと思われる男女が、次々と賛同・称賛を書き込んでいた。吉田会長の文章に対して、である。

「清々しい」
「ちょっと惚れちゃったなあ」
「消費者の一部はバカですからｗｗｗｗｗ」（※吉田会長は文章の中で「消費者の一部は、はっきり言ってバカですから」と書いていた）
「マスコミが書けないこと全部言ってくれてるｗかっこよすぎでしょ!!」
「このご時世に民族！　こりゃ、叩かれるな大学翻訳センター！（笑）」（※ＤＨＣは吉田会長が翻訳委託業を行ったことから始まっており、社名は「Daigaku Honyaku Center」の略）
「まぁこうなることを見越してぶん投げたんでしょうねｗｗｗ」
「確実に炎上を狙っていますね、炎上しても自社製品が安くて良いと消費者に理解されればラッキーという割り切りが感じられます」

「完全にそのとおりになってTwitterではお祭り騒ぎですね。効果検証と、なぜこうしようと思ったかなどすごく聞いてみたいです」

「最後の段落がEthical消費やSDGsといった流れとは全く逆行するような内容になっていてトランプ大統領みたいな煽り方だなぁと思いました」

「思い切り方がかっこいい！　だれかインタビューしてw」

「NETFLIXでドキュメンタリー作ってほしい（笑）」


そうか、これが広告業界関係者がフェイスブックの全公開投稿で行う反応か。

少し悩んだ後で、私は書き込んだ。

「経営者の差別発言について、広告関係者の方はこのコメント欄のような感覚なのでしょうか。ＤＨＣは今回に限ったことではなく、偏向報道で問題になったニュース女子を制作していたなど根深いヘイトがあることを踏まえてコメントされてるのでしょうか。ドン引きしました」

「ニュース女子」はＤＨＣテレビジョンが制作するインターネット上のニュース番組である。改題前を含めると２０１５年から始まるが、普天間基地建設反対デモ参加者への名誉毀損で提訴され、BPO案件にもなっている。番組コンセプトは「日本を代表する論客（オジサマ）たちが女性にも楽しく分かりやすくニュース解説し、次代を担う若い女性達に日本の未来を託すべく集まった社交界」。2010年代を代表するミソジニー遺産として長く語り継がれるべき完成度だ。

さて、広告関係者による「業界に詳しい僕らのから騒ぎ」を白けさせる真面目腐った異物に対しての知人の回答は奇妙だった。

「おそらくその根深いヘイト問題を全く知らないと思います。その結果こんな戦略を描いた奴が誰なのか、このレベルの企業がこんなことをアウトプットするのが何故なのか全く理解できないのが真相だと思います」

主語がない。「全く知らない」「全く理解できない」のが自分なのか、それともコメント欄のお友達なのか、あるいはそれ以外の誰かなのか、彼は書かなかった。あえて問題の所在を不明瞭にしているように、私には見えた。「調べたほうがいいんじゃないですか？」と質問を重ねると、「調べるまで興味がないのがリアルだと思います」「『気になる、調べる』きっかけすらないのが今の現実だと思います」と、また主語がない応答。私が彼や彼のお友達に対して行った指摘を、広告の受け取り手である消費者の責任にすり替えようとしているかのようでもあった。ずれていく会話はホラーのようだった。

「○○さんやコメント欄の方がこの差別を含む文章をネタ扱いしていることにドン引きしている、と言っているのが伝わっていますか？」という直球の質問にも、宙に浮いたような回答が返ってきただけだった。

私は20代の後半に、一緒に仕事をした広告業界の人たちとつくづく馬が合わなかったことを思い出していた。彼らのほうでもノリが合わないと感じていただろう。何で笑うかが違う。何を面白がり、何に価値を置き、何のニュースに反応するかが違う。そして、普段目に入れようとしているものが違いすぎる。（続く）

エモよりデモを（2）「女性はいくらでもウソをつける」

cakesというウェブメディアに掲載された記事「大袈裟もウソも信用を失うから結果として損するよ」が多くの批判と当事者からの申し入れを受けて削除されたのは2020年10月のことだ。これはウェブを中心に人気を集めていた男性写真家が読者からの相談に答える連載で、この回は23歳の女性から夫に関する悩みが寄せられていた。

彼女が綴っていたのは、学生時代から付き合い「できちゃった結婚」した年上の夫からキツく当たられることが増え、実家に帰ろうとしたが連れ戻されたこと。話し合いの上、いったんは夫婦仲が落ち着いたと思ったものの、夫が出先で事故に遭い入院。それをきっかけに「休みもなく（略）一生懸命働いてくれている」と思っていた夫が、毎日のように遊び歩いていたことがわかり、信用できなくなってしまったという内容だった。

この相談内容は、のちにウェブニュースやツイッター上で「DV被害相談」「深夜まで説教というモラハラ」など、DV・モラハラという言葉で語られるようになるのだが、実際の妻の相談には、一度も「DV」「モラハラ」という言葉は出てこない。彼女の原文はこんな風だ。

「しかし、主人は生真面目な反面、ストレスを溜め込みやすい所があり、仕事のストレスや家族を養っていかなければならないというプレッシャー、やりたい事が出来ないという気持ちから、私に当たるようになりました。

食事や掃除、子育てについて毎日何度もダメ出しをされ、深夜だろうが叩き起こされやり直しました。そんな生活が何ヶ月も続き、嫌気がさして実家に帰ろうとすれば主人の実家に引きずっていかれ、数時間にわたる義父からの説教」

被害の真っ只中にいる人は違和感を覚えてはいても、自分の身に起こっていることを完全には理解できない。最初からこれはDV、モラハラだと言語化できる人ばかりではない。彼女の相談を「夫からDVとも言える仕打ちを受けているという今回の相談者」とcakesの編集部は要約したが、彼女自身の相談に、その表現がなかったことにこそ注意が必要だっただろう。

そして自分の状況を整理できない混乱状況に置かれて困っている人は、相談相手すら間違えてしまう場合がある。モラハラに困っている人が手を伸ばした先が、さらにレベルの高いモラハラ人間だったってことは実際にある。

相談を受けた写真家は、前述の通り「大袈裟もウソも信用を失うから結果として損するよ」というタイトルで回答を公開した。「正直なところぼくはあなたの話を話半分どころか話8分の1ぐらいで聞いています。眉毛は唾で濡れています、ウソだけど」と、彼女の文章が大袈裟だと決めつけた。「先に書いておくけど、あなたからの相談には答えることはできません」と突っぱねた上で、「あなたの話はどこまで真実でどこまでウソなのか、どれくらい大袈裟にいっているのか、ぼくにはわからないの。細かいことはわからないけど、でもあなたが大袈裟に言っていることだけははっきりわかるの。あなたは怒るかもしれないけれど、あなたがウソをついているってことだけはわかるの」と、ねちねちと相談者を罵り続けた。若い女性、若い母親への処罰感情を強く感じる文章だった。

この回答は多くの批判を受けて、編集部と写真家が謝罪した。回答者が相談を根拠なくウソだと決めつけた上、編集部もそれに乗っかって回答を称賛していたことが批判された。

事態を重く受け止めたのか、cakesはその後、編集者と写真家が、臨床心理士の信田さよ子さんのもとを訪れて話を聞いた記事「DV被害者の告白が信用されないという問題はなぜ起きてしまうのか」を公開（DVの被害者・加害者心理をわかりやすく解説する記事ではあったが、写真家が自身のミソジニーに向き合い掘り下げた記事かといえばそうではないと感じた）。連載は続けられたが、2021年に再度別件で批判を受け、終了した。

批判はネット上で出尽くしているが、私がこの件についてあまりにも残念に思うのは、この文章が発表されたのはちょうど、杉田水脈議員の「女性はいくらでもウソをつく」発言が大きく報道されていた時期だったからだ。

杉田議員が党内の会議で女性への暴力や性犯罪に関して「女性はいくらでもウソをつけますから」と発言したのは9月25日。これが報道されると杉田議員はすぐにブログで「女性を蔑視する趣旨の発言」はしていないと否定したが、10月1日のブログでは「ご指摘の発言があったことを確認しました」と一転して発言を認めた。彼女は次のように書いている。

「しかし、今回改めて関係者から当時の私の発言を精査致しましたところ、最近報じられている慰安婦関係の民間団体の女性代表者の資金流用問題の例をあげて、なにごとも聖域視することなく議論すべきだと述べる中で、ご指摘の発言があったことを確認しましたので、先のブログの記載を訂正します。事実と違っていたことをお詫びいたします」（杉田水脈オフィシャルブログ「内閣第一部会・内閣第二部会合同会議に於ける私の発言について」２０２０年10月1日より）

杉田議員について少しでも知っている人に対しては説明するまでもないが、ツイッター上で彼女への支持を表明している人たちに共通するのは「従軍慰安婦」否定論者であることだ。自分に落ち度があったとしても、前言を撤回して謝罪するときであっても「慰安婦」というキーワードに絡めれば自動的に確固たる態度で守られる。少なくともネット上では。彼女はそれをよく理解している。

杉田議員や自民党の支持層からはオフレコのはずの院内会議発言が漏れたことを恨みがましく訴える声もあったが、彼らの予想を超えて反発は大きかった。9月26日には緊急のオンラインデモが開かれ、10月3日に東京・行幸通りで緊急開催されたフラワーデモでも抗議スピーチが次々と行われた。辞職を求めるオンライン署名は、10月中旬までに13万筆以上が集まった。

しかしこの署名を自民党は受け取らなかった。野田聖子幹事長代行はハフポストのインタビューに対して、議員を辞職させる権限は誰にもないから辞職を求める署名は受け取れないと説明した（「野田聖子氏『〝辞職〟と書かれている以上、受け取れない』フラワーデモが呼びかけた杉田水脈議員への抗議署名」２０２０年10月13日）。

おかしな説明だと思うのは、自民党は署名を受け取りながらその署名が求める内容に対応しなかった例が過去にあるからだ。

２０１８年に杉田議員が「ＬＧＢＴには生産性がない」という内容の寄稿を行ったときも、謝罪会見を求める抗議署名が行われた。自民党はこれを受け取ったものの、杉田議員は謝罪会見を行っていない。辞職勧告に至らずとも抗議の声は受け止めたと示すために署名を受け取ることはできるはずだった。それさえやらなかったのだ。

10月13日、自民党本部前で、フラワーデモ呼びかけ人の北原みのりさんや松尾亜紀子さんらが署名を持って自由民主会館（自民党本部）の職員と名乗る男性と対峙。このとき、署名受け取りを拒否する職員に対して記者たちが口々に質問を重ねた。

「幹事長代行を通じて面会のアポを取ろうとして、その日程調整がつかなかったということで（本部へ）出されたことをどう思うか」

「生産性発言のときは署名が受け取られているのに（今回拒否するのは）まったく理由になっていない」

「なぜ会館の職員が自民党宛の署名を受け取る、受け取らないの判断ができるんですか？」

質問を続けたのは女性記者が多かった。現場にいた私は記者たちのこの問題への関心度の高さに勇気づけられた。納得がいかない、説明せよと食い下がる、その姿勢に。

フェミニストの活動に社会の多くは無関心であることが多いけれど、杉田発言については違ったと感じる。性被害やDVについての女性の訴えが軽視され、ウソだと疑われ、なかったことにされてきた歴史がある。それに対する怒りの沸点をあのときに感じた。

だからこそ唖然とした。女性の相談をウソ、大袈裟だと決めつけた人生相談が公開されたのは、この自民党本部前の一件から6日後の10月19日である。

人気の書き手が興に乗って書き飛ばしてしまうことはあると思う。それを調整するのが編集者の役割ではないのだろうか。政治家が「女性はいくらでもウソをつけますから」という失言で激しい抗議を受けているその真っ只中で、女性の相談をウソだと決めつける文章を何も問題ないと公開する。その判断が、私には理解できない。

政治のニュースと自分たちの制作する軽い口あたりのコラムは別世界の話だと思っているのだろうか。あるいは、DVなんて「暗い話題」は自分たちの身近では起こらないはずだと。「ヤケクソくじ」を笑っていた広告業界関係者に通ずるノリを感じる。

（続く）

エモよりデモを（3）

「ホームレスデート」と、暴力と排除に抗議するデモ

この半年後にあたる２０２１年4月に公開された、女性ライターがブログサービスnoteに投稿した記事「ティファニーで朝食を。松のやで定食を。」はもっと怖かった。写真家の人生相談回答のような攻撃的な書き振りではなく、「エモ」「ほっこり」と形容されるような無邪気な文章。それだけにゾッとした。

彼女は大阪の西成区・新今宮で過ごした1泊2日を綴っていた。「私は先日、ひとりの男の人と一日を過ごした」で始まり、「これはたぶん、デートだと思う。ふつうにデートだと思う」と続く。

新今宮で30代ぐらいのホームレスの男性と出会い、彼に松のや（松屋フーズのとんかつチェーン）で定食を奢る。そうするのは「ラーメンを食べたいから１００円くれないか」と言われ女性ライターが「奢るので一緒にごはんを食べよう」と誘ったからなのだが、それだけではなく前段がある。彼女は前日に居酒屋で隣に居合わせたおじ

さんに2000円分奢ってもらったり、銭湯で隣り合った人からシャンプーを貸してもらったりして、新今宮の街に「借り」がある。だから自分も、借りを返そうというのだ。ホームレスの男性とのデートを通して、人と人とが支え合う、人情味あふれる新今宮の今を知ることができました、と。「贅沢な、そして大切な時間だった」「新今宮というところは、『なんとかなる街』だと、思っている」と記事はまとめられている。

この記事が批判を浴びた最初の理由は、これが大阪市の「新今宮エリアブランド向上事業」の取り組みの一環としてライターに依頼されたPR記事であったのに、公開時点でその説明が充分ではなかったことだった。個人ブログの長い記事の末尾に「#PR」のハッシュタグがつけられていたようなのだが、仕様上それほど目立っていなかった。PRであることを隠しての記事拡散は「ステマ（ステルスマーケティング）」と言ってご法度であり、嫌われる。個人のブログ記事だと思って読むのと市のPRだとわかって読むのとでは、読み手側の感触が変わるからだ。

記事は「エモい」とも評されていた。「エモい」はエモーショナル（emotional）に由来する流行語で、一時期あまりに乱発されたため、すでに「エモい」を使うこと自体がエモくない感がある。とはいえ、この記事が「エモい＝心を震わせる」と、フォロワー数の多いインフルエンサーなど一部から絶賛されていたことは事実だ。

しばらくすると、ホームレスの問題を、こんなふうに美化して良いのかという声が上がった。「エモい」で社会問題を覆い隠してやしないですか、という指摘である。PRであることがトップにも表記されステマ疑惑が解消されると、こちらが批判のメインとなった。

実はホームレスに関する記事の「炎上」騒ぎは、この前年の2020年にも起こっていた。「ホームレスを3年間取材し続けたら、意外な一面にびっくりした」という記事が、cakesの行ったコンテストで優秀作に選ばれたことをきっかけに批判を浴びた。動物を観察するような態度でホームレスを「観察対象」にしているというのが批判の理由だった。

代理店関係者がこの炎上を知らなかったならリサーチ不足だし、知っていてデート記事を問題ないと判断したのなら迂闊だと思う。また、デート記事は、行政がかんでいるだけにより深刻であると感じる。

2020年には3件のホームレス殺害事件があった。

1月23日、上野公園で高齢の女性が血を流して死亡しているのが見つかった。女性は70代で、60代の男が殺人容疑で書類送検されたと報じられたが、この事件はその後の報道が少なく詳細がわからない。

3月25日、岐阜市で10代の少年たちが路上生活者の男女を襲った。少年らは以前から、石を投げるなどの嫌がらせを彼らに行っていたようだが、男性が女性をかばって逃がし、結果的に男性が殺された。この日は女性が狙われていたという。男性は81歳だった。死因は後頭部に強い打撃が加えられたことによる脳挫傷・急性硬膜下血腫という。

11月16日、渋谷区幡ヶ谷のバス停で、女性が殴り殺された。彼女は少し前からバス停で夜を過ごしていた。犯人は近隣に暮らし地域の清掃活動ボランティアもしていた男で「バス停からどいてほしかった」と供述したことが報じられている。

2020年12月に、渋谷で行われた追悼デモを取材した。そこには、ホームレス経験のある人や今もそうである人、あるいは支援者たちが参加していた。誰もが彼女、大林三佐子さんの死に心を痛めて、打ちのめされていた。野宿生活をしているという男性はこうスピーチした。

「街の中で泊まる場所、寝る場所が奪われてきている。特に渋谷においては。バス停という場所は彼女にとってはもちろんひとつの家であったと思いますけど、そういうところにバラバラに追いやられていくことが背景にあるのかなと思います。

100パーセントとは言えませんけれども、彼女はおそらくこの辺でやっている炊き出しには顔を出してはいなかったのでは。炊き出しには女性が来にくい……、男が多いということだけを理由にすることはできないけれども……。つながることができなかった人が孤立して、僕たちから見たら孤立なんですけれど、そして殺された」

亡くなった人に対しても、生きている人に対しても、自分の言葉が誰かを取りこぼすことがないよう、言葉を一つひとつ選んで話していると感じた。彼はおそらく、彼女を孤立させた社会に抗議すると同時に、救えなかった自分を悔いている。

デモは暴力と排除に抗議するデモだった。彼女に行われた暴力は私たちの知るところとなったけれど、これまでもずっと人に知られない場所で、わかりづらいかたちで暴力と排除が行われてきた。

最後に残ったかすかなセーフティネットすら断ち切ろうとする、顔の見えない何か。それは私たちの社会であり、私のことでもある。

「ヤケクソくじ」を称賛した広告業界の知人は、私とのやりとりの中で「ツイッター民は一定数検索調査隊がいると思います」とも書いていた。

「沖縄を例にしても誰も本質的な危機やタブーなんて気にもしてないのが現実です、でも僕は身内が沖縄だし、深い気づきがあったから変える行動をリアルにしてます。

でもそんなの他の人は誰も知らないし、話すまでリアルなんて知りもしないし……」

　私の問いに決してストレートには答えてくれないので行間を読むしかないのだが、彼が言いたいのは、おそらくはこういうことなのではないか。

　企業広告を炎上させるのはネット上の一部の人たち。多くのユーザーは炎上の理由もよくわかっていない。炎上を見ても一歩引いてどっちもどっちだと思っている。社会問題も深掘りしない。都会で働く若い女性が気にいるモードなデザインよりも多少野暮ったいデザインの商品が売れるのと同じで、人種差別もジェンダーも環境問題も、意識が高い人はほんの一握りだから、そこに訴えかけたって無関心。無関心ならば炎上のほうがまだいい。だから炎上マーケティングを仕掛けるヤケクソな人も出てくる。僕らはそういう視点でツイッター炎上を見ているだけで、差別をなくそうとか、そういう話を今はしていない。

　社会課題に敏感な人たちが一部というのは、確かにそうかもしれない。けれどそこで冷笑や諦観に走るなら、それはなんと楽な道であるだろう。そして、彼らが社会の「暗い話題」のほうへは一本線を引いて、そこから先へ立ち入るのは鬼門であるかのようにふるまうのはなぜなのだろう。

　ホームレスのお兄さん、とのデートをエモくまとめたブログ記事。ライターだけを責めるのはさすがに気の毒だろう。あれは、ライター、代理店、そして行政がそれぞれの役割を果たして作り上げた、濃密な「自助、共助」のストーリーだ。

携わった人、一人ひとりにその意図はないと思う。けれど結果的にそうなった。言い方がキツいのを承知の上で言えば気味が悪く、不快だと感じる。あの記事に対する批判に、「ホームレスになりたくてなった人もいるのだ」という反論を見た。可能性の話をすれば否定できない。けれど、そのような言葉が為政者に都合良く使われることに、あまりにも無頓着ではないだろうか。安全な場にいる人ほど、言葉を選ばずにすむ。あの野宿生活の男性のスピーチを思う。自分に見える限りの人を見ているのだというように言葉を選んだ彼のことを。そして、ホームレスデート記事が意識的に見ようとしなかったもののことを思う。

解決策の見出せない社会問題に向かい合うよりも、人々はわかりやすいエモを求めているのだ。たのしくて、ふわふわして、こころがふるえるものが、いいと、おもうよ。けれど私は感じざるを得ない。エモの中に潜んだ政治性を。

社会問題や社会課題を訴える記事が政治的であるなら、それから目を背けさせる記事もまた政治的だろう。

社会を変えようなんて政治的なことは、煙たいからやめなさい。そのようなメッセージは明らかに政治的だ。

相談者の悩みをウソだと決めつけて罵倒するのは公開モラハラであり、今現在被害に遭っている人への抑圧として機能する。DVやモラハラ被害を言語化し、ウソだ大袈裟だと言われ続けてきた女性の被害を可視化しようとしたのが２０００年以前から続く女性運動なのだから、バックラッシュであるとすら思う。当然、政治的である。行政と代理店が組んで、ホームレスと女性ライターの心温まる共助の記事を作成して街のイメージアップを図るのは、紛れもなく政治的だ。

政治性のないフリをして近づいてくるエモのほうが、政治性のかたまりであるデモより、私にはずっと怖い。

現代の日本人の多くはデモに参加したことがないし、デモに共感を寄せることはない。芸能人や漫画家など著名人の政治的発言を嫌う人は少なくない。けれど「政治的なことを避ける」というその選択だってすでに政治につながっていることに気づかないのは無邪気すぎやしないか。選挙に行かない無関心層にそのままでいてほしいと思っている政治家の思うままに動いていることに。あるいは、市民運動を嫌う気持ちを権力にどう利用されるかに。

デモは確かに、格好悪く、青臭く見えるところもある。シュプレヒコールや参加者が持つのぼり旗に「合戦かよ」と突っ込みたくなることもある。私も何も知らなかったらただただ目を合わさずに通り過ぎるのかもしれない。嫌悪する人からは見当違いな正義感に見えるのだろう。

けれど、デモを遠巻きに見て笑っている人が多ければ多いほど、私はデモに加わりたくなる。

なんにもこだわりがないかのように笑っていたいか。それともいちいち声を上げて怒るのか。

多くの人が前者でいたいと思うだろう。前者のほうが優れて賢く見えてしまうから。けれど——。

私は見せかけの政治性のなさに抗いたい。危険だと思うからだ。そしてデモの愚直さを支持したい。世間から嫌われ排除されそうになる場所にこそ、私の居場所を感じるからだ。

	エモよりデモを（1）親ガチャ・DHC問題	エモよりデモを（2）「女性はいくらでもウソをつける」	エモよりデモを（3）「ホームレスデート」と、暴力と排除に抗議するデモ
2020年1月23日			東京・上野公園でホームレスの高齢女性が殺害される
3月25日			岐阜市で10代の少年らが路上生活者の男女を襲い、男性が殺害される
9月16日	菅政権が発足。菅内閣が目指す社会像として「自助・共助・公助・そして絆」を打ち出す		
9月25日		杉田水脈議員による「女性はいくらでもウソをつけますから」発言	
10月13日		杉田議員辞職を求める13万筆の署名を自民党は受け取らず	
10月19日		cakesの連載で人気写真家による人生相談「大袈裟もウソも信用を失うから結果として損するよ」が公開され、批判が集まる（その後、記事削除）	

11月11日			cakesクリエイターコンテストの優秀賞記事「ホームレスを３年間取材し続けたら、意外な一面にびっくりした」が物議を醸す
11月16日			東京・幡ヶ谷のバス停で夜を過ごしていた女性が、近隣に住む男に殴り殺される
11月	ＤＨＣの吉田会長が公式サイトに「ヤケクソくじ」記事を11月付で掲載		
12月6日			幡ヶ谷で殺害された女性を追悼し、暴力と排除に抗議するためのデモが渋谷で行われる
２０２１年４月７日			cakesが運営するブログサイトnoteで「ティファニーで朝食を。松のやで定食を。」と題するＰＲ記事が掲載され、物議を醸す
４月10日頃	ＤＨＣの吉田会長が「ＮＨＫは日本の敵」などの文章を公式サイトに掲載。ＤＨＣに対する抗議署名が始まる		

4月26日		cakes連載の写真家による人生相談記事が再び炎上。5月に連載終了を発表	
9月3日	菅首相が退陣表明		
9月9日頃	ワイドショーが「親ガチャ」を取り上げ、しばらく「親ガチャ」論争が続く		

ヴィーガンとフェミニストと、なりすます人

ツイッター上には、フェミニストのなりすましアカウントが存在する。

プロフィールに「フェミニズムを知って人生が変わりました」「男女平等に目覚めました」などと書き、フェミニストをフォローしたりリツイートしたりし、「たくさんフォローさせてもらうと思うけどよろしくお願いします！　私のフェミニズム活動を応援してください！」などと、威勢の良い投稿をする。

その実態はフェミニストではなく、むしろフェミニストを嫌いな人たちが多いようだ。

なぜそんななりすましをするかと言えば、ひとつはフェミニストを監視するため。鍵をかけているフェミニストもいるし、アンチフェミニストをブロックしているフェミニストも多いから。

また、なりすましアカウントをフェミニストが間違ってフォローしたりすると、彼

らの承認欲求はわずかに満たされるのだと思う。アンチフェミニストに限らず、アンチでありながらファンよりもターゲットの一挙手一投足に執着する人というのが、ネット上には散見される。

大変悪質だなと思うのは、彼らが「僕たちの考える愚かなフェミニスト」になりすまし、彼らが考える「フェミニストが言いそうなアホな主張」をツイートすると、それをフェミニストを叩く材料にする人がいることだ。

ツイッターに縁のない人や、2010年代後半からのネット上でフェミニストがどういう叩かれ方をしているかを知らない人にとっては、ちょっとどういうことなのかわからないかもしれないから、詳しく説明したい。

たとえば、2020年5月、あるスーパーで売られていた日替わり弁当の画像がツイッター上にアップされたことがあった。それはのり弁で、箸を使ってご飯を頬張る女性のイラストがパッケージに描かれていた。あるユーザーが、この画像をアップしたユーザーに対して、こんな風にリプライを飛ばした。

「日本はいつまで、頰を赤らめる女性をアイキャッチに消費される事を許容し続けるのか？　怒りで震えて涙が止まらない」

このユーザーは、反論するユーザーに対しても、「日本以外でゾーニングしないで、こんな猥褻物を陳列したりしません」「このような男性器に見立てた箸を頬染めた女性にくわえさせた露骨な性的表現を擁護する日本人の多さにゾッとする」などともツイート。

ツイッターユーザーたちの中で、これは過激なフェミニストの発言に違いないとされ、呆れや嘲笑のツイートが飛び交った。

しかし実はこのアカウントはフェミニストのなりすましで、いわゆる「釣り（反応を得るためにわざとツッコミどころのある投稿をすること）」だった。

にもかかわらず、この投稿は「ツイフェミの奇行を示す良い例」かのように、その後もネット上でたびたび話題になる。投稿から2年後の2022年6月にも、ある有名評論家がなりすましと気づかずに紹介し、瞬く間に拡散された。もちろん、フェミニストをバカにする引用リツイートが無数についていた。

このなりすましアカウントは「怒りで震えて涙が止まらない」（「震えて涙が止まらない」は、女性やフェミニストがよく使うと揶揄される）という表現を繰り返すなど、アンチのやり方を知っている人にとってはわかりやすい「なりすまし」だった。そもそも、実際にフェミニストたちが問題だと指摘した他の広告表現と比べて批判が多数集まるとは考えづらい内容だったのに、多くのユーザーが釣られた。

この他の例としては、2022年春、「ツイフェミ」をあげつらう「ネット論客」として知られる、あるユーザー数の多いアカウントがなりすましアカウントを作っていたと判明したケースが有名だ。このユーザーはメインアカウントが凍結され、サブアカウントを当面の運用に使い始めたのだが、過去にそのサブアカウントが「フェミニスト」を名乗り、画像投稿サイトに掲載された18禁イラストを批判していたことが明らかになったのだ。

一応説明しておくと、フェミニストは性的な表現を単純に嫌う人のことではないし、ネットのジェンダー炎上と言われるものは、それがあまりにも男性に都合の良いファンタジーであったり、公共の場でゾーニングされずに開陳されたりすることが問題だと指摘されてきた。それなのに彼は、ゾーニングされていた18禁表現をわざわざツイッター上で批判したのだ。フェミニストになりすまして。

フェミニストになりすましたこのアカウントは、これを指摘された後も「フェミニストのみなさんを界隈の内側から観察するために作成したアカウントです」と悪びれなかった。控えめに言っても、モラルもクソもない行いだと思う。

このアカウント名をここに書けば、これを読んだ読者の皆さんが検索で実態を把握しやすいと思うのだが、私は自分の大事な著書に、こんな非道な行いをする人物の名を書き残したくない。その胡散臭い所業だけが語り継がれ、ただただネット上の藻屑となって消えてほしい（などと書くのは〝表現の自由〟だ）。気になる人は「アンチフェミによるフェミニストなりすまし&マッチポンプ集」などで検索してみたら良いと思う。

さて、フェミニストのなりすましアカウントをいくつか見ていると、彼らはなりすまし用プロフィールに「ヴィーガン」とも書いている場合が多いと気づく。

ヴィーガンとフェミニスト。それはツイッター上の一部で、そう名乗るだけでバカにしておちょくってネタにして良いと思われている存在である。少なくとも私の観察ではそう。フェミニストは女尊男卑を掲げて男をゼッタイコロスことを誓う非論理的な思想の持ち主だと思われ、ヴィーガンは動物がカアイソウだから肉を絶対に食べてはいけないのだという感情的な思想を他者に押し付けようとする鬱陶しい存在だと思われている。

私はヴィーガンではないのだが、フェミニストと同じく主張を曲解されて日常的にデマを流され、ネット上でどんな暴言を吐いても良いかのように見なされている同士としては親近感を覚えている。

とはいえ、私も10年ほど前まではよく知らなかった。ヴィーガンと呼ばれる人たちのことを。私がその考え方をほんの少しだけ知り、自分の無知に気づいたのは取材がきっかけだった。

その頃、ある民間団体が作成した「動物はあなたのごはんじゃない」というキャッチコピー付き画像が拡散された。動物はあなたのごはんじゃない？　なんだそれは、わけがわからない主張だという意見がネット上で渦巻いた。

同時期に、大手コンビニチェーンが発売予定だったフォアグラ入り弁当を「一部の消費者」からの抗議で取りやめたこともあり、このような抗議をノイジー・マイノリティーだと言いたがる人がヴィーガンやアニマルライツ運動に反発していた。

私も実は当時、よくわからなかった。お肉を食べちゃいけないんだろうか。かわいそうだから？　でも生き物が生きていくために何も傷つけないというのは無理なのでは？　その程度の認識だった。

そこで「動物はあなたのごはんじゃない」を打ち出した団体に取材を申し込んだ。正直なところ、ビビっていた。すごい剣幕で怒鳴られたり、理解できないことを言われたりするのではないかと思った。

けれど、取材に応じてくれた、私と同年代の男女2人は穏やかで、驚いたことに私は彼女と彼の説明の中で「理解できない」「受け入れられない」と思う部分がひとつもなかった。

その説明をかいつまんでまとめるとこうなる。

現代の畜産は低価格化と大量消費を前提に成り立っており、動物たちは残酷な環境のもとで飼育されている。体の向きも変えられないような狭いケージに閉じ込められる鶏や豚。そこで一生、卵や子豚を産まされ続ける。

こんなにたくさんの量の食肉を人間が必要としなければ、かつてのように豚や牛や鶏は放牧で育てられる。食べられるまで、その生を動物らしくまっとうすることができる。

絶対に肉を食べるなということではなくて、たとえば「ミートフリーマンデー」のように、週に1日肉を食べない日を作るだけでも良い。その人ができる範囲で、動物の生に負荷をかけない世界を目指してはどうだろうか。そういう話だった（詳細は「あのフォアグラ弁当抗議団体を直撃！『動物はごはんじゃない』という言葉の真意とは」『ウートピ』２０１４年3月26日 https://wotopi.jp/archives/2937）。

結局食べるんだから、どんな状況で飼われていたって同じだ、のびのび過ごさせて結局食べるなんて欺瞞だ。そんな意見もあるのかもしれないが、死ぬまでずっと苦しいか、死ぬまでは苦しくないかを、もし人間が選ぶなら答えは決まっている。

お肉を一生食べない選択は私にはできないが、週に1〜2日食べない日を作るぐらいならたやすいとも思った。フードロスの問題もあって、せっかくの命を私たちは大量に捨ててしまっている。なんでも安くたくさん食べたい、その需要に応え続けるばかりでいいのか。

この記事をアップしたところ、なるほどよくわかったという感想の一方で、真の意図を隠しているに違いないとでもいうような、何がなんでもヴィーガンにいちゃもんをつけたいようなコメントも見られた。けれど私にはもう、反発している人のほうが感情的で非論理的にしか見えなかった。痴漢被害をなくしたいと訴えれば「痴漢冤罪のほうが問題でーす！」と嘲笑われるような、決して同じ土俵に立ちたくない人たちとの争いをヴィーガンの人たちも余儀なくされてきたんじゃないだろうかと思った。

それにしても、あのときのお2人は、不勉強なライターに対してよくあんなに優しく接してくれたと思う。2人にしてみれば、何度も繰り返してきていた説明だったはずだ。

それに私はあろうことか、アニマルライツを掲げる人たちに話を聞きに行くのに、毛皮の耳あてをカバンにぶら下げて行ったのだ。「安物だからフェイクファーに違いない」と当時の私は思っていた。けれど女性の説明によれば、もう本物のファーが安価で売られていて、場合によってはフェイクのほうが高いとのことだった。

毛皮をつけて動物福祉の人に話を聞きに行くなんて、石原慎太郎の本を小脇に抱えてフェミニストに「ちょっといいですか？」と話しかけるようなものだ。警戒されてしかるべきである。

私ならそんな認識の人に「フェミニズムについて説明してほしい」と言われたら、まず本を1冊でも2冊でも読んできてと言ってしまいそう。

2019年には、渋谷で行われた「動物はごはんじゃない」デモへのカウンターとして、同時に「動物はおかずだ」デモが行われた。ネット上に残る記録によれば、カウンターデモの人たちは肉に模したかぶりものをかぶったり、「ごはんじゃない」デモの人の前で笑いながらケンタッキーをパクついたりしていた。

私からすると、自分の権利が脅かされたわけでもないのに過剰に反応しているのはカウンターの人たちだ。中には、ちょうどよくおちょくることのできる相手を見つけたから嬉々として叩いている人もいるのではないか。

フェミニストもヴィーガンも今ある構造との闘いなのに、その前にまず立ちはだかるのは「俺にケンカを売ってるんだろう」と見当違いの思い込みをしている個人である。社会を変えたい以上それも仕方がないことなのかもしれないが、そのバッシングやデマで消耗されていくエネルギーをもう少しカットできればどれだけ良いことかと思わずにはいられない。

特定した話

＊記事内に差別発言や個人への誹謗中傷を含むツイートがあります。

問題続きだった東京五輪２０２０の中ではとても小さなニュースだが、開催期間中にこんな報道があった。徳間書店が、自社のウェブメディア制作を業務委託で請け負っていた外部編集者の契約を解除。ツイッターで差別的な投稿を多数行っていたことが理由だった。

この男性編集者は、開幕式で聖火の最終ランナーを務めた大坂なおみ選手が３回戦で敗退すると「おっしゃ！　メンヘラゴリラ敗退！　はよアメリカに帰れ！」と、わざわざ「#大坂なおみ」「#Tokyo2020」のハッシュタグをつけて投稿した。Yahoo!

ニュースアカウントの速報ツイートに「鬱ゴリラ敗退（ゴリラの絵文字）日本人なのに日本の夏に負けて体調崩してたのかな？」とリプライを送ったりもしていた。

そして彼の誹謗中傷は大坂選手以外にも向けられていた。

「そもそもホームレスなんて救う意味あるのか？　そいつら救って何になるの？」

「レンホーとか小池とか見てると、やっぱり女性の政治家はゴミだってのがよくわかる」

「大谷のことよく知らないけど新聞読んでる私可愛いでしょ、の図。頭使わずにアンアン言って稼いでるやつは、こうでもしないと人気取れないのか。大変っすね」（※大谷翔平選手の載ったスポーツ新聞を広げた画像をツイートに載せていた女性有名人へのリプライ）

「メンヘラ女が1人死んだぐらいでトレンド入りするなんて、日本はまだまだ平和だな」（※人気ユーチューバーの女性が亡くなったニュースへのリプライ）

「新宿駅にいる韓国人がうるさすぎ。さっさと国帰れや」

すでにアカウントは非公開になっているが、確認できるだけでもこれだけ露悪的で差別的なツイートが並んでいる。

本人はプロフィールに「裏垢男子」と書いていた。これは「本垢（メインで使うアカウント）」ではないという意味で、「裏垢（サブアカウント）」を普段は言えない愚痴や毒舌、彼のような差別発言・誹謗中傷のために使う人もいる。「本垢」であってもネット上では素性を隠している人も多いが、「裏垢」となると当然匿名の人がほとんど。

この差別主義者の場合も、アカウントのプロフィールに本人を特定できる情報は書き込まれていなかった。しかしなぜか、URL入力欄にフェイスブックの個人ページがリンクされていた。こんな差別発言をするアカウントに本人が特定できる情報を残しておく人はそんなにいないし、ネットリテラシーがそれなりに高いと思われるウェブメディアに携わる関係者なら尚更だろう。だから他人のフェイスブックページを勝手に貼り付けて濡れ衣を着せるためのダミーである可能性も考えられたが、これがまさかのご本人ページだった。

迂闊すぎる行動だ。けれどももしかしたらこの編集者は、「裏垢」でのこのような振る舞いがバレたからと言って、実生活に何らかの影響があるとは考えていなかったのかもしれない。あるいは、差別的なツイートをするアカウントはたくさんあるのだから、自分だけが「特定」されることはないと思っていたのかも。

私はちょうど五輪開催の直前の時期に、オンラインで梁英聖さんの連続講義を受けていた。梁さんの著書である『レイシズムとは何か』（ちくま新書）をベースにしたその講義の中で、梁さんは「日本には反差別ブレーキがない」ことを繰り返し強調した。差別された者の痛みを知ろう、その気持ちに寄り添おうとは言われるが、差別した者に抗議し責任を取らせようとする力が弱い日本社会。だから「日本のレイシストは恐ろしいがしょぼい。しょぼいが恐ろしい」。極右ではない「普通の人」が誰でも気軽にヘイトを行うし、どこに差別思想を持ったレイシストがいるかわからない状況がある。そういうお話だった。

梁さんのお話を聞いた後だと、徳間書店委託編集者のケースがしっくり理解できた。誰でも気軽にヘイトを行うし、ネット上にそのお仲間はたくさんいる。その責任を取らされるなんて思ってもいない。だから、簡単にどこの誰だか特定できるような状態でも差別発言をしてしまう。

五輪開催中の7月末、私は大坂選手に関するツイートを投稿した。批判の多いオリンピックに出場したアスリートの何人かがネット上で誹謗中傷に晒されているため対策が求められているという記事が出ていたからだ。これまで大坂選手に対して差別を含む誹謗中傷はずっとあったのに、他の「日本人選手」が中傷されて初めて問題に気づいたかのような報道に違和感があった。

途端にいくつかの罵倒リプライが飛んでくる。２０２１年のツイッター上で、差別に言及するとはこういうことである。いつものことなので動揺はしないけれど、ふと、いつもと違うことを思いついた。特定してみたらどうだろう、と。

嫌なリプライを飛ばされても、いつもはわざわざその発信者の特定なんてしない。ほとんどのユーザーは素性をきっちり隠しているから時間の無駄だし、レイシストやセクシストのツイートを一つひとつチェックするのはそれだけで疲弊するからだ。

しかしこの日は、中傷的なリプライをしたアカウントのひとつが気になった。私に対して侮辱的な引用リツイートを行い、重ねて私のアカウント名にハングルが含まれていたことを嘲笑するツイートを行ったアカウントだった。私は当時、アカウント名に「페미니스트（フェミニスト）」と入れていた。ネット上のレイシストやセクシストは必ずと言っていいほどこれに鋭く反応する。

彼の過去のツイートを遡ると、毎日のように外国人（主に中国人と韓国人）差別や女性蔑視ツイートを行い、気に入らない相手を有名無名かかわらず罵倒していることがわかった。相手からブロックされると、それを誇らしげに報告している。

そのプロフィールを見ると、そこには「妻がドナーによる臓器提供を受け余命◯年から生還」と、妻への愛が綴られていた（※このツイート主が特定されないように、プロフィール内容などには多少の改変を加えている）。

このプロフィールが本当かどうかはわからないが、嘘であってもこんな感動エピソードをわざわざ書く人が、一方で差別的なツイートを毎日のように投稿しているのか。興味深いなと思いつつ、本当であればこのエピソードは検索しやすそうだと感じた。本人の「本垢」や家族が同様の内容をネット上に書いている可能性がある。

さらにアイコンとヘッダーは犬画像で、どうやらオリジナルらしい。本気で素性を隠そうとする人であれば、アイコンは設定しないか、ネット上で拾った画像など〝足のつかない〟ものを使う。愛犬の画像を使っている時点で、このヘイターは脇が甘い。

もしかしてだけど特定できるかも？　10％ぐらいの可能性はあるかなと思い、私はそのヘイターのツイートを掘り始めた。

結果からお伝えすると、1時間もかからずにそのヘイターの本名や生年月日、大体の居住地、家族の職業やSNSを特定できた。あらまあ、おやおや！　というほど容易だった。特定までの手順をざっくり説明すると以下の通りとなる。

過去数年に及ぶすべてのツイートをチェックするのはしんどいので、まず画像を含んだツイートだけが表示される「メディア欄」を確認した。画像に含まれる情報はテキストよりも多く、本人が意図せず個人情報を晒している場合があるからだ。テレビ画面などに映った姿から本人が特定された、アイドルの瞳に映り込んだ物体から家の間取りや住所まで特定された……といったケースがたまに話題になる。しかし今回の場合、そんな混み入った探索は不要だった。このヘイターは、メールアドレスや本垢のスクリーンショットをヘイト用の裏垢にもアップしていた。そのメアドに使われている文字列は本名の一部と生年月日であろうと推測できるものだった。

本垢に飛んでみると、こちらでも同じ愛犬の写真をアイコンにしている。さらに過去には複数の自撮り画像を自分でアップして、俳優の○○に似てると言われたことがあると書いている。

そして、ヘイトツイートを行っているのはこちらでも同じだった。もともとはヘイトは裏垢と決めていたけれど、そのうち境を見失って本垢でも行うようになったのかもしれない。誰かを罵倒するようなツイートの合間に、バイクや愛車、食べ物の画像が混ざる。妻に関するツイートもたくさんあった。どうやら愛妻家であるのは本当らしく、たびたびデートの様子や彼女の素晴らしさについて投稿している。

妻を自慢したい気持ちが高じてなのだろうが、「奥さんの仕事」といって、ある画像がアップされていた。この画像から、妻の職業がわかった。彼女は独立起業している事業家だった。今の時代、ブログやSNSをやっていない事業家のほうが珍しい。すぐに実名のフェイスブックアカウントや、会社の公式サイト、そこからリンクされているインスタグラムのアカウントを見つけることができた。

このあたりで、私は段々と切ない気持ちになり始めた。インスタやフェイスブックから読み取れる妻さんは、頑張り屋で前向きな自立した女性。趣味や友人関係も充実していて、気負うことなく人生を楽しんでいることが感じられる。どうしてこんな素敵な女性があんなヘイターと……と、他人《ひと》ごとながら思わずにはいられない。もちろん、人にはいろんな一面があるから、誰かにとっての嫌な人物は誰かにとってかけがえのない人なのだろうけれど、差別については相性の問題と話が別である。妻は夫が陰湿なヘイターだと知っているのだろうか。ていうかさ、こんな素敵な妻といわゆる「ていねいな暮らし」をしていて、なんでヘイトを溜めるのか……。

妻さんはネットリテラシーも高く、プライベートな情報は控えめ。少なくとも全体公開にはしていない。妻側のネット情報からは、夫が誰かを特定することはできなかったと思う。たまに、夫がツイッターにアップしているケーキや家電が別角度から撮影された画像が妻側のインスタにアップされていて、このことから2人が夫婦であることが裏付けられた。撮影も加工のスキルも妻のほうが格段に優っていて、同じものを撮影してもこんなに違うものかと勉強になった。夫のツイッターでは蛍光灯の下で撮ったのかな？　と感じる彩度の悪いアヒージョが、妻側のブログではレシピサイトにおけるトップユーザーの仕上がり。

どこを切ってもソツのない妻のSNSに見入るあまり、私はうっかり忘れていた。そういえば、妻さんは「余命○年から生還」したんじゃなかったっけ。あれが本当であれば、その痕跡はどこかに残っているはず。

しかし、妻側のSNSには闘病についての記述が一切なかった。病気を隠す人もいるからそのためかと思いつつ、もう一度夫のツイートを見返してみて、初めて気づいた。

夫の本垢には「妻から腎臓を貰った」と綴られていた。裏垢のプロフィールにあった「妻がドナーによる臓器提供を受け余命○年から生還」を読んだ私は、てっきり臓器提供を受けたのは妻かと思っていたが、そうではなく、ヘイトしている夫のほうだったのだ。改めて検索すると、妻は夫の闘病についてだけを綴る専用のSNSを持っていて、そこには夫が最近終活を始めたことが書かれていた。

なんとヘイターは、余命短い中年男性だった。

私にはわからない。支えてくれる家族がいてなお、人生の終末期をヘイトに費やしてしまう人の気持ちが。もしかして死への恐怖がそうさせるのかとも思ったが、遡ると病を患う前からヘイトを行っており、ダメだこりゃとなった。

愛する妻には裏の顔を隠して、彼は「幸せに」死んでいくのだろうか。

こんな個人情報ダダ漏れの人なので、本人が死んだ後に家族がこのアカウントを見つけてしまう可能性はそこそこある。けれどそのときに苦しむのは彼ではなく、家族である。まるで周囲を腐らせることを生きた証とするかのようだ。自分を省みる時間は、もう残されていないのだろう。画面の向こうの会ったことのないヘイターの人生に私は同情できなかった。

フェミと選挙

選挙権を持つようになってから約20年。それなりにその権利を行使してきた。朝も夜もなく働いていた20代の一時期はもしかしたら投票日にベッドから起き上がれない日があったかもしれないが、基本的には投票用紙が来たら投票所に行くものだと思っていた。一方で、政治に深く興味関心があったかといえばそうではない。前の選挙で誰に投票したか、覚えていないことのほうが多かったように思う。

30代半ばになって以降、それまでよりも政治に関心を覚えたのは「女性差別」の視点で捉えてみたら、グッと政治が身近になったからということがある。待機児童問題、少子化対策にまつわる政治家の失言、選択的夫婦別姓、同性婚、あるいは性犯罪に関する刑法、自分の関心のあるトピックがどう議論されているか（もしくは議論されていないか）に注目していくうちに、他のテーマについてもどの政党・議員がどんなことを言っているのかが以前より少しはわかるようになった。

それから、夫の影響も大きい。夫は選挙が大好きな人だ。選挙の当日になると、大晦日と同じぐらい張り切って買い出しに行き、食卓にちょっと贅沢な惣菜を並べる。開票速報が始まる20時の少し前に食卓につき、いそいそと500円のワインを開ける。「今日1日で人の人生が決まる。こんなに面白いことがある？」と言ってニコニコしている。「政治は男のワイドショー」とか言って、目を輝かせている。普段は喜怒哀楽をあまり表に出さない人が、語尾に「♪」がつきそうな勢いでウッキウキしている。「男の」って部分にはフェミとして一言物申したくはなるものの、夫が楽しそうにしているのを見て、へえ、こういうふうに政治を面白がって良いのだと思えたところはある。そんなわけで、我々夫婦は選挙のたびに早め早めの行動で支度を済ませ、開票のときを待つ。

2021年秋の衆議院議員選挙。「野党共闘」が叫ばれて政権交代のために野党候補が一本化された。私の居住する選挙区では、自民党の世襲男性議員と立憲民主党の若手男性議員の闘いと見られていた。どちらの候補者も男女の賃金格差などジェンダーにまつわる問題には関心は薄そうな気配で、選挙公報にも特に記述がない。立憲若手の街頭演説はなんだか覇気がなく見えたし、自民世襲はポスターはやたら貼ってあるのに演説はついぞ見かけなかった。

そしてネット上の事前アンケートを見たら、選択的夫婦別姓についてどちらかといえば消極的な回答をしているのは立憲若手議員だった。自民世襲は公報でなぜかアベノミクス批判をしており、党内野党っぽいんじゃないかという雰囲気。「自民の中のリベラルっぽい人と、立憲の中の保守っぽい人って感じなのかな」と夫と話した。明確に推したい候補者はいないし、どちらが落選してもどうせどちらも比例復活すると思われるし、いまいち首を傾げながらの、不完全燃焼な投票行動だった。ちなみに、夫とは毎回投票する候補者や政党が違う。いちいち確認しているわけではないけれど、たぶんそうだと思う。重視している政策が違うということもあるが、割と根本的な部分でも違う。

たまに友人・知人との間で「政治的な考え方が違うパートナーと一緒に暮らしていけるのか」という議題が上がることがある。私の場合、今のところなんとかなっている。なんとかなっているというか、違っていていいんじゃないかと思っている。思想的な違いがあっても人と人は一緒にごはんを食べればおいしい……という表現は我ながら陳腐だと思うけれど、考え方の違う2人が、それについて話したいときは話し、話したくないときは話さないまま、ともに生活をして、そこそこ楽しく過ごしていることに少しの希望を感じる。

とはいえとはいえ、私と夫もいつかお互いに譲れない部分で意見が対立し、修復し難い溝が生まれるかもしれない。変化や成長をし続けたいと望む中で、関係性も変わることはあると思う。こういう言い訳みたいなことを書いているのは「パートナーと良好な関係であることを綴る物書き、数年後に離婚する」パターンを恐れているからだ。先のことはわからない、ウッ（泣）。

そういえば、フェミニストの夫ってどんな人なのと聞かれることがたまにあるけれど、私も私の周囲のフェミニストも、パートナーがすごくフェミニズムに理解があるかといったらそんなことはない。私の友人には、結婚後に自分をフェミだと自覚した人が多いからかもしれない。夫たちはつかず離れずで、ときに「はいはい、フェミフェミ」と受け流されたり、ときに一致点を見つけたりし、妻たちは前よりもちょっとフェミの話をわかってくれるようになったと喜んだり、やっぱりこれについてはギャップが激しいよ～と嘆いたり、そんなこととの繰り返しでちょっとずつ前に進んでいる。と、思いたい。

話が逸れたけれど、改めて2021年秋の衆議院選挙。香川1区で小川淳也候補がデジタル改革担当大臣だった平井卓也候補を破ったり、東京8区で吉田晴美候補が石原伸晃候補を大差で破るといったことはあったものの、全体的に見れば議席を増やしたのは日本維新の会で、野党共闘は結果を残せなかった。

私は一番の推しがいた選挙区の情勢がなかなかテレビに映らないのでやきもきし、ようやく映ったと思ったら劣勢、負けが濃厚の状況で、ショックでテレビの前を途中退席した。もう寝ようと思った。人は本当にショックなとき、身近な人にもそれを悟られたくないものだ。私は夫に、自分の推しが誰であるかも、負けそうだとも言えなかった。自分たちの選挙区では立憲議員が勝った。

この選挙戦の後、ジェンダーなんて打ち出したから野党共闘は失敗したんだ、有権者はそんなことに注目していない、という意見が一部で上がっているのを見た。フェミニストへの当てこすりみたいな意見も目にした。

実際、何の政策に注目しているかのアンケートでジェンダーを挙げる人は少数派だし、そんなことより経済だ外交だと思っている人が多数派というのも知っている。

ここでいくら私が、社会的性差がいまここにあることは私たちにとって命に関わる問題だ、男女格差を解消しなければ女は経済や外交を語る土俵に上がれないのだ、ていうか性差別と性暴力によって片方の尊厳が奪われている構造を是として成り立った政治・経済なんておならプーだと訴えても、多数派にちっとも伝わらないのはわかっている。夫にだってなかなか伝わらない。

少数派と、多数派。

「正確に言えば、諸君の中の多数派は、私の敵だっ。私は、諸君の中の少数派に呼びかけている。少数派の諸君、今こそ団結し、立ち上がらなければ、ならない」

２００７年の都知事選に立候補し、その政見放送が話題になったのは外山恒一という人。私は20代後半頃、自分の会社で深夜まで仕事をしながら、この人の動画を見て同僚とゲラゲラ笑っていた。

彼の演説は演説として完成度がとても高く、最近の、放送禁止用語を連呼したりするだけの面白泡沫候補とは全然違う。何度も繰り返し見たくなる中毒性がある。けれど一方で２００７年頃の私にとって、彼は自分とまったく違う異端の人でしかなかった。その内容をテロリストみたいだと思った。

いま、世の中から見て私は外山恒一なんだろうか。フェミになるっていうのはそういうことなんだろうか。昔、共同経営者が私のことを「小川さんは社内野党」と茶化したが、私は永遠に社会でも家庭内でも野党なんだろうか。内ゲバ上等左派なのだろうか。公安からマークされてるんだろうか。私はいつかあの「高収入」をうたって勧誘を行うトラックに卵を投げてしまうのだろうか。

しかし2022年の4月になってビックリしたのは、NTT社長の入社式挨拶が4月1日当日にもう問題になったことだ。報道を参考にすると、澤田純社長は「私たちは女性と男性は違うと考えています。人間という意味ではもちろん一緒ですけれども、能力や特性の得意な分野が違うと思います」と言ったのだそうだ。

その後、NTTの広報は報道陣に対して「一般論として男性と女性の能力が違うといわれているが、我々はそうではなく、多様性を認めていくということを伝えようとした。誤解を与えているようであれば、大変申し訳ございません」とコメントしたそうで、混乱っぷりがわかる。

澤田社長の真意はわからないから置いておくとして、このOh！ 性的役割分担！に思えるコメントは、5～6年前だったらこんなに素早く反応され、報道陣からツッコミが入っただろうか。入ってないんじゃないだろうか、と思う。

今だってこのコメントが報道されれば、まとめサイトでは「本当のことしか言ってないじゃんw」と嘲笑うコメントでいっぱいになる。けれどもとりあえず、朝日新聞がその日中に釘を刺すところまでは来た。

3歩進んで2歩下がるような状況を繰り返しているとはいえ、90年代に茶化されまくっていた「セクハラ」は深刻な人権侵害のひとつであるという認識がそれなりに広まってヌードカレンダーはオフィスに置かれなくなり、職場において性差をことさらに言い立てることの問題についても理解されるようになってきた。以前よりは。

それは個々のフェミニストたちがぶっ叩かれながらもコツコツ道を整備してきたから。そう主張すれば盛大に無視されるだろうけれど、世の中はフェミの活動のおかげとは絶対に認めないラインを守りつつ、フェミの言うことを取り入れざるを得ない局面もある。そんなことの繰り返しでちょっとずつ前に進んでいる。と、思いたい。

4

私の身体と人生と

毛を抜く人生

毛が濃い女に生まれた苦悩であれば、何時間でも語っていられる。

記憶を遡れば小学生の頃、母が急に剃刀を手にしたことがあった。父方の祖父から「たまかの襟足がみっともないから剃ってやれ」と言われたのだという。首の後ろは自分では見えない。手で触っても鏡を合わせてみても、その部位の毛の濃さはイマイチわからないから、私はただ怯えた。

忙しい母が襟足を剃ってくれたのは1回だけだが、その後も毛は生え続けたはずだ。しかし私はその頃、自分が直接観察できる部位の毛について考えるだけで、もう精一杯だった。腕とスネである。これが野原なら猫が隠れるにちょうど良い塩梅《あんばい》なのだが、人の腕なので厄介だ。

剃刀を自分で使うのはまだ怖くて、小学生がまず思いついたのがハサミでチョキチョキと切ることだった。当然根元からは切れないし、肌を挟んでしまって血が出る。

それでも強行していると母にやめなさいと怒られた。

幸いと言っていいかどうかわからないが、仲の良い女友達も毛が濃かった。ある日、口数の少ないその子が珍しくうれしそうに「見て……、毛が、取れた」と言ってツルツルになった腕を見せてきた。その子の家族が使っていた、脇毛処理のクリームで除去したのだという。当時よく使われていた、肌に塗ると毛が縮れて根元から取れるタイプの脱毛剤だった。

放課後にその子の家のお風呂場で、2人でこっそりとそれを使った。毛のない肌の感触をこんなに喜び合えるのはその子だけで、私と彼女の友情はあのときが一番固かったと思う。脱毛剤は独特の匂いがしたけれど、私にとってあれは友情と期待のこもった香りである。

成長すると、気にしなければいけない部位は増えていく。

中学生の頃はアムラーブームでみんな細眉だった。剃って抜くのが当然で、私はゲジ眉をいかに鋭角にできるかに熱意を燃やした。「あんたの眉は大人になっても筆で描かなくてもいいねってせっかく親戚から褒めてもらってたのに」と母は顔をしかめたが、知ったこっちゃなかった。そして後年の太眉ブーム、平行眉ブームの頃、抜きまくった眉はもう生えてこなかった。

ことほどかように、毛とは思い通りにならぬものである。

高校生の頃に付き合っていた男子が「俺、髭を濃くしたいんだよね」と言った。髭って濃くする方法あるの？　と聞くと「毎日剃ること」と彼は答えた。絶望した。こちとら毎日体毛を剃っていたからである。

剃ると濃くなる。これは薄々気づいていた。雑誌には「剃ると断面の面積が増えるので濃くなったように見えるだけ」などと書いてあったが、体感としてはそうではなかった。剃れば剃るほど、抜けば抜くほど、毛は生き生きとたくましく存在感を増していった。剃れば濃くなり、抜けば毛穴が広がり本数が増える。懊悩した。世の中には頭髪の薄さで悩む人もいるというのに、どうしてこんなにも毛の供給量が偏っているのか。こんな需要と供給の不均衡がなぜ生まれるのか。私は毛を独占したいなんて少しも思っていない。格差なく毛が行き渡るように叡智でどうにかするべきなのではないのか、人類。

高校生の頃、私はほとんど女子ばかりの水泳部でマネージャーをしていた。水着を着るから体毛処理についての会話は頻繁に行われ、私はそれほどコンプレックスを感じずにすんだ。合宿時など、先輩も同級生も一緒になって腋毛やスネ毛を抜きながらおしゃべりをした。

毛が薄めでも濃くても、それぞれみんな処理をする。そのことにティーンの私がどれだけ慰められたか。

一方でこんなこともあった。高校を卒業する頃、掘りごたつ式の店にみんなで行った。対面に座った女友達が席を立つとき、お互いの生足が一瞬擦り合った。友達は「お互いすべすべで気持ち良かったね、いま!」とかわいく笑った。私も同じように笑ったが、言えなかった。彼女のスネにあたったのは私の足の甲の部分だった。チクチクしなかったのは、私のほうはスネではなかったからなのだが、彼女にはお互いのスネだと思ったままでいてほしかった。

大学に入ってからの一時期、腕の毛を脱色していたことがあった。剃っても1日も経たないうちにチクチクするし、抜けば毛穴が化膿したり毛が肌に埋まったりする。肌への負担を減らしたくて、せめて脱色すれば目立たなくなるだろうと思ったのだ。

東京ドームでその日もビール売りのバイトをしていると、釣りを受け取った男性客が「腕の毛、脱色してるでしょ」と笑った。ライトに照らされた球場で、私の毛はキラキラと黄金に輝いていたのかもしれない。しかしそんなことに気づかないでほしいし、気づいても言わんでほしいのである。野球見ろ、野球を。ほどなくして私は脱色をやめた。

大学の友人と顔毛の話をしていた。私が口まわりの毛が濃いと話すと、彼女は「私もだよ～」と眉を八の字にして言う。

私は自分でもちょっとびっくりするような冷たさで「それさあ、産毛でしょ？」と言った。「真顔、怖いよ」と彼女は笑い、確かに私の目は据わっていたと思う。私はアゴにも鼻下にも、それなりにゴツい毛が生えるのである。母方の祖母がまだ生きていたとき、アゴの下に何本か濃い毛が生えていたのを見たことがあるので、これは隔世遺伝なのかもしれない。

あるとき芸人が集まってすべらない話をする番組で、ひとりが女の子の陰毛エピソードを披露した。10代の頃にすごくぶりっ子な女の子とデートしたときのこと、その芸人が隣に座ってイチャイチャしながらスカートをめくったら、その子はクマちゃんかネコちゃんのついたパンツをはいていたと。それはいいけれど、そのクマだかネコだかからビヨ～んとヒゲが伸びていたのだというオチ。

テレビの中では大ウケだったが、私はその女の子の仇を討ちたい気持ちでいっぱいだった。

ハミ毛ぐらいで引いてんじゃねえぞ。

どすの利いた声でそう言えたらどんなにいいか。

大学院では江戸時代の吉原遊廓について調べていた。当時の遊女たちも下の毛を処理していたようで、その処理方法は軽石でこすったり、線香で焼いたりだったという。いかにも効率が悪そうだし、私だったら確実に火傷すると思った。そんな処理方法しかない時代でも「生えっぱなしでいいじゃん」とはならない毛って、一体何なのか(憤り)。

医療脱毛を身近に感じたのは、大学院に入って始めた求人広告の広告代理店バイトで親しくなった年上の女性のSNSだった。レーザーをあてて毛根を消滅させる脱毛方法があるのは知っていたが、まだ敷居が高いと感じていた。思慮深いお姉さんである彼女が「本当に生えてこなくなった」と喜びを書き込んでいるのを読んで、これは時が来たと思った。

教えてもらった店に行くと、白壁のきれいな部屋で説明を受けた。レーザーをあてると毛根が反応するが、毛はすぐになくなるわけではなく、1週間ほどのうちにすると抜けていく。毛周期があるので数ヵ月後には他の毛穴からまた毛は生えてくる。だから数ヵ月ごとにレーザーをあてる必要があり、大体6~10回ほどでほぼ完全に生えてこなくなる。レーザーの光は毛の黒さに反応するので、毛の密度が濃いところほど痛い。輪ゴムでパチンと弾くような痛みがある。などなど。

確かにレーザー脱毛は痛かった。けれど、これで毛に煩わされることがなくなると思えば、一瞬の痛みなどなんでもなかった。痛みは毛根が反応している証拠なのだから、むしろ喜ぶべきなのだった。

全身脱毛するだけのお金はなかったけれど、とりあえず脇・スネ・腕の毛がなくなったことで、私のQOLは爆上がりした。やっと猿から人間になれたような気持ち。前に前に前に悩んでいた私とは今はもう別の人だった。

その後、指毛や顔、乳首周り、そしてV・I・Oにも進んだ。

V・I・Oといえば、男性の中にはその言葉を聞いたこともない人がいると知って、私は不思議な気持ちになる。これは性器周辺の脱毛部位を指す言葉で、Vはビキニライン、Iは女性器の両側の部分、Oは肛門周りのことだ。

少し前に、ジャーナリストの津田大介さんが運営するネット番組『ポリタスTV』で漫画家の瀧波ユカリさんと話していたとき、津田さんがV・I・Oという言葉をこれまで知らなかったと言った。驚きと羨ましさを感じた。

V・I・Oにおける脱毛について、私はこの10年ほど考え続けてきた。それは生活に密着した悩みで、考えなくて良いのであれば考えたくないけれど、どうしても考えざるを得ないものだった。パンツをはくたびに、ゴワゴワして憂鬱だから。

無視できるならしたいけれど、毎日向き合わざるを得ない問題。それは言ってみれば安倍政権のようなものだ。2012年以降の10年間、安倍政権について考えなくてもすむ人がいたとしたら。そう説明すれば、私の「驚きと羨ましさ」を理解してもらえるだろうか。

これは数年前のことだが、フェイスブックでつながっている教育関係のジャーナリストの男性が、車内の脱毛広告を見て憤りを表明していた。その広告は女子高校生とその保護者に向けて、学割で安く脱毛できるからぜひ卒業前にと促す内容だった。高校生にエステを勧めるのかと彼は書いていた。

私は脱毛をしまくった側の人間ではあるが、彼の主張も理解できる。痩せなくてはいけない、美しくなくてはいけない、体毛はないほうが望ましい。それらはすべてルッキズムである。ルッキズムを利用し、コンプレックスを煽るビジネスが蔓延《はびこ》っている。

とはいえ、もしも自分に子どもがいて、その子が毛深さに悩み、10代で脱毛したいと言ったら、私は止められないと思う。なんならお金を出す。ルッキズムには抗いたい。毛れど、自分の経験と感情にそこまでNOも言えない。毛はこれほどの葛藤の中に私を放り込む。

女性が脇毛の処理をするようになったのは60～70年代頃と言われるし、V・I・O脱毛が流行り始めたのは最近のこと。価値観はたやすく変わる。

しかしそれでは、作り上げられた広告表現や周囲の目によって私は体毛を恥ずかしいと思うに至ったのかと考えてみると、そうではない気もするのである。小学生時代にまだそんな広告は私の目に入っていなかったし、毛の濃さを揶揄《からか》われた記憶もないように思う。

祖父がした襟足の指摘は気になったけれど、その影響がすべてではないとも思う。フサフサした腕毛の濃さや、剃った後のチクチクを嫌悪するあの気持ちは、毛虫を本能的に恐れるような反応に近いんではないか……？

いやしかし、毛は自分から生えるものなのに？

今のところ答えは出ない。

とりあえず、自分の毛には言及するしこだわるが、人の毛には言及しないしこだわらない。そのあたりが今の私の落としどころである。

自分の具合悪さは自分にしかわからない

これまでの人生で1回だけ入院したことがある。30代の一度目の厄年の頃。虫垂炎《ちゅうすいえん》、いわゆる盲腸で。

ベッドの上のスライド式の机に「完全絶食」の札が置かれ、4〜5日ほど何も食べず飲まず、点滴につながれて過ごした。

口からは何も入れていないのだが、点滴で栄養を入れているのでお腹は空かないし喉も喝かない。入浴できずタオルで体を拭くだけなのに自分で気になるほど体が臭くなることも、頭が痒くなることもなかった。

ただ白いベッドの上で横たわる数日間。それはぽっかりとして平穏だった。

実は、このベッドにたどり着くまでが大変だった。

当時私は小さな編集プロダクション（主にウェブの記事を下請けする制作会社）で

働いていて、その日は泊まり込みで作業をしていた。とある大量納品の作業にかかりきりになっていて、起きている時間をすべて作業に充てたら間に合うかどうかの瀬戸際、みたいな状況だった。

どれだけ零細の会社だって、今どき社員にこんな働き方をさせてはいけないと思いますよね。しかし私は社員ではなく取締役だったので、ひとりで徹夜している分にはまったくの完全な自己責任なのであった。

その日の朝、会社のソファで2時間ほどの仮眠を取っていたところ、腹痛で目が覚めた。便通があるときのような痛みである。トイレへ行く。座る。しかし出ない。何か出そうなのに出る気配がない。

しばらく便座に座っていると、チョコボールのようなコロコロした便が少しだけ出た。ホッとしたが、腹痛はそのままである。これはおかしい。

たとえるなら、排尿した後も残尿感のある膀胱炎《ぼうこうえん》の腹痛バージョンだった。こんな痛みを経験したことがなく、おぼろげに「病院へ行かなければいけない気がする」と思った。

思えば仮眠をする前の深夜、いつものようにスナック系菓子を食べたのだが、いつもと違って塩辛いばかりで不味《まず》く感じられた。新発売の味が合わなかったのかと思ったが、胃腸のせいだったのではないか？　という思いが胸をよぎる。

普段いたって健康体で過ごしているためにかかりつけ医のようなものがあるわけがなく、会社の近くでその時間に空いている病院を調べた。念のため電話するとすぐ受診できるというので、出かける。

つい最近できたばかりらしき、現代的なデザインのクリニック。診療を担当するのは、30代ぐらいの白人の男性だった。日本語は流暢《りゅうちょう》だったが、日本語ネイティブではない様子。私はそれまで日本で外国人のお医者にかかったことがなく、「ああ、グローバルな時代なのだな」などと思った。

このとき、具合は悪く、体の声は「明らかに変だよ」と言っているのだが、頭の中ではもうひとつのことを考えていた。検査してみてなんでもなかったら恥ずかしいな、と。

高校に入学した頃に、耳の奥が痛い気がして耳鼻科を受診したことがあった。診てくれた高齢の医師は優しそうなおじいさんで、簡単に診療した後に、私の目を見ながら言った。

「とってもよく効く薬を出しましたからね。これをしっかり飲んで眠れば大丈夫」

あ、偽薬なんだな、偽薬を出されるってことは「気のせい」なんだなと理解し、薬は飲まなかったと思う。なんか気を使わせちゃって申し訳なかったな……という記憶。大袈裟に痛いと騒いで、「特に異常はないです」だったら恥ずかしい。そう思ってしまって、お腹を触る触診で「痛いですか？」と聞かれたとき、「少し痛いような気がします」と答えた。それは嘘ではなかったが、「押さなくてもじんわりとずっと痛いんですよね。鈍い痛みなんですけど人生で経験したことのない痛みなので病院に来ています」とは言わなかった。

結局、「お腹の風邪です」と診断が出て、腑に落ちなかったもののそのまま家に帰った。まだこの時点では、よく寝れば治るのかもと思ったのだ。会社には「具合が悪いので家で体調を見る」と連絡した。

出された薬を飲んで横になったが痛みでなかなか寝付けず、ようやく眠れても1時間ほどで目が覚めた。痛みは治るどころか増している。しかも熱っぽい。さっき病院で体温を測ったときは平熱より少し高いぐらいだったが、今は熱があるような気がする。しかし普段いたって健康体であるあまり、家には体温計がない。

痛い。おかしい。でも病院では何もないって言われた。どうしよう。救急車呼ぶ？いやそれは派手だろう……。

ネットで検索すると、救急車を呼ぶかどうか迷った際に相談できるダイヤル

「#7119」があることを知った。かけると女性の声で「どうしました？」と聞かれる。こうこうこういう事情ですと話すと、「我慢できないほど痛いのであれば呼んだほうが良いと思いますが……」と言ってくれるものの、積極的に救急車を呼ぶことは勧めない。そうだよね、私も微妙なところだと思う。

この電話で役立ったのは、女性がその時間帯に受診できる病院を教えてくれたことだった。その頃には日が沈みかけていた。

タクシーを呼び、教えてもらったA病院へ向かう。普段なら歩く距離だがその気力はなかった。A病院は昔ながらの建物の個人病院で、小さな待合室に人はいない。熱を測ると37・4度。私は平熱が低いので37・4度って結構高いと思いますと伝えたほうが良いかと思ったが、事前に電話してタクシーで向かうと伝えたこともあってか、受付の女性はその前に具合の悪さを察してくれたようだった。

女性が奥にいる医師に伝えている。

「37・4度です！」

医師が聞き返すのが聞こえる。

「37・何度⁉」

女性が答える。

「37・4度！　症状は腹痛です！」

「ああ〜？　頭痛？」

「腹痛です！　ふ・く・つ・う！」

「腹痛⁉」

やりとりが筒抜けな上に面白いけど大丈夫だろうか。不安が募る。

診察室に入ると、痩せた高齢の男性医師。ぶっきらぼうだが、悪い人ではなさそうだ。私は先ほどの反省点を改めて、なるべく具合の悪さをアピールするようにした。「朝からずっとお腹が痛くて、もうこれまでに経験したことのないような痛みで」と。

触診の際は、下手な演技で「アイタタタタタ」と言った。「我慢できるぐらいの痛みです」と言っても嘘ではなかったのだが、「もしかしたら自分が我慢強いだけなのかもしれない」と思ったからだ。

医師は顔をしかめて「こりゃあ盲腸かもしれねぇな……」とつぶやいた。

ああ、待ってましたその言葉。そうか、盲腸なのか。盲腸って右下腹部が痛くなるって聞いていたけど、そうじゃないこともあるんだ。盲腸、いいじゃん！　ナイス診断！

しかし医師は、「じゃあ紹介状書くから」などと言っている。どうやら近くの大学病院へ行って詳しい検査を受けろということのようだ。え、そういうものなのですか。盲腸って割とスタンダードな病気だから、パッと見てパッとわかるものだと思っていたら違うらしい。

受付の女性にタクシーを呼んでもらい、大学病院へ向かった。この受付の女性と痩せた医師には、短い時間ながら親切にしてもらったように思う。

大学病院では通常の受付時間は終わっていて、急患扱いになる。また熱を測り、血液を採取し、MRI検査をした。この頃には待合室の椅子で横たわってしまうぐらい具合が悪くなっていた。MRIを撮るために造影剤を打つのだが、「100万人に一人ぐらいの確率で死ぬこともあります。その場合、当病院では一切責任を負わないですがいいですよね?」みたいな紙にサインしなければならない。そんなこと言われても進むしかない道である。

この検査を受けるとき、私はとうとう吐いてしまった。この直前に、ペットボトルの水を一口飲んでしまったからだ。もう私の胃腸は、何も受け付けない状況なのだと悟った。そんな調子なので移動は車椅子で、もはや完全な病人。

診断結果が出るまで、診察室の中にある簡易ベッドで横たわった。具合は悪いけれど、正直ホッとしたところもあった。盲腸とはいえ病名がつけば、クライアントに説明がつく。あのクライアントさんは、「なんでこんなときに盲腸になったんですか！」と言うほど鬼ではない。はず。

しばらくしてやってきた中年の医師は、ボソボソと「まだよくわからないんですが、小腸炎かもしれません」と言った。盲腸じゃ！　ないのか！

小腸炎ってなんだろう。聞いたことがないのでよくわからないけれど、聞いたことがないだけに盲腸より病気ステイタスが高い気がした。共同経営者に連絡したところ、彼もさっきは「なんだ、盲腸かあ」って感じだったくせに、小腸炎と告げたら「大変そうだね」などと言っている。

どちらでもいいんだけれど、早く確定させてほしい。

そして、次にやってきた看護師さんが言った一言に、本日最大の衝撃を受けた。

「じゃあ、どうします？　今日は帰ります？」

えっ。盲腸かもしれないのに？　さっき吐いちゃったのに？　こんな車椅子乗ってるのに？　っていうか私、すごく体調悪そうでかわいそうに見えないですか？

無理無理無理無理無理。無理です、このまま入院させてください、お願いします。本日最大の厚かましさを発揮して、懇願した。

実際、重病患者がたくさんいる大学病院なのだから、盲腸ぐらい帰れよGo home

って感じなのかもしれない。図々しいかもという思いもよぎったが、結果的にこの判断は良かった。その日の夜、痛すぎて眠ることができずにナースコールを押したからだ。入院してなかったら救急車を呼んでいたと思う。看護師さんにもらった座薬を入れると少し楽になり、数時間眠ることができた。

明《あ》くる日、正式に「虫垂炎ですね」と診断が下った。

さて、私がこの経験から得た教訓は、お医者はこちらの言わないことまで察してくれないということである。そんなん当たり前と思われるかもしれないが、こちとら健康体で30数年生きてきてしまったので、医者というのはパッと見てズバッと的確な診断をしてくれると思い込んでいたところがあった。こちらがちょっと遠慮気味に申告したら、その遠慮も考慮した上で計算してくれる、みたいな。どこまで甘えていたんだ、私は。

実際は、自分で具合の悪さを最大限アピールしなければ診断にたどり着けなかったし、入院させてもらえなかった。ちょっとした面接を通過するぐらいの意気込みと関係箇所へのアポ・訪問が必要だった。ちょっとでも面倒くさがっていたら破裂していたかもしれない、盲腸が。

いつか私も、三大成人病もしくはそれ以外で病院のお世話になるのである。いずれ来るその日のことを思えば、これは貴重な体験だった。これまでの私は病人になる上でアマチュアすぎた。医療を信頼しつつ過信しすぎないという、必要な距離感を会得する機会があって良かったと思うのである。

ちなみにこれ以降、徹夜をやめた。長生きしたいと思うようになったのはこの頃からだと思う。

占いからの怒られと抵抗

後から考えるとなぜ同じパターンの失敗を繰り返すのだろうと思うけれど、それほど藁をもつかむ気持ちだったのだろう。

少し前に引っ越しをした。それは私としては、やや大きめの決断だった。誰かに背中を押してもらいたい気持ちで、私は久しぶりに占いへ行った。

数年前、知り合いの飲食店に行ったら偶然その占い師がいて、10分だけ占ってもらったことがあった。私が二言三言話すか話さないかのうちに、その人は「あなたの旦那さんは大きい音が嫌いだね」と言った。

うちの夫の特徴を3つ挙げるとすれば、「大きな音が嫌い」は必ず入る。いや、一番はじめに来るかもしれない。夫は路地で生きる猫でもそんなに警戒しないだろうというほど物音に敏感で、不意に何かを落としてしまったりしたときの音をすごく嫌う。

私はそのみごとな当てっぷりに感心した。霊感なのか、シャーロック・ホームズばりの洞察力なのか。たまたま当たったんだとしても、それはそれですごい（ような気がする）。

そんなわけで、いつかまた占ってもらおうと密かに心に決めており、これを機にちょっくらと赴いたのであった。

1時間ののち、私はトボトボとその占い店近くの商店街を歩いていた。その東京の下町とは縁がなく、ほとんど初めて来たのだった。ランチが終わる時間帯ぎりぎりに、古い喫茶店に入った。店主の娘らしい、今風の大学生という感じの女子が愛想よく注文を取りにくる。彼女の存在が、この店の印象を「時代遅れの」から「昭和レトロ」にしていると思った。

斜め前で40代と60代ぐらいの女性がタバコを吸いながら話しているのを見て初めて喫煙可の店と気づいた。2人のちょっとやさぐれた雰囲気は、今の私の気持ちと合っていた。

先ほどの惨事を思い出す。なんか知らんが、めちゃくちゃ怒られたのである。

話し始めるやいなや「あんた口癖が『なんか』だね。それ年齢に相応《ふさわ》しくないからやめたほうがいい」と言われ、苦笑いすれば「笑ってごまかすな」「バカにしているのか」とすごまれ、もはや息を殺すだけの人になっていると、その占い師は自分がいかに20代から気を張って身を立ててきたかをライブのMCみたいな調子で話し始めた。

ちょっとあんた、前はそんなんじゃなかったじゃん……、私に辛辣なのはAmazonレビューだけにしてくれ、と言いたい気持ちをグッと抑え、「Aをしようと思ってBを始めているのですが、Cの点が気になって」と話そうとするのだが「Aをしようと思って」の時点で口を挟まれ「Bをしたらいい」と得意げに指南される。どうしよう、ツラい。間違えてモラハラ・プレイの部屋に迷い込んでしまったのだろうか。フェミニストなのに「旦那呼び」する人のところに来てしまったのでなんかバチが当たったのだろうか。あ、「なんか」って思ってしまった、引っ叩かれるかもしれない。

終わりかけになって、実は以前にも占ってもらったことがあり、そのときに夫の診断がドンピシャですごいと思ったと話したが、それもいちいち間で口を挟まれるので肝心の結論「すごいと思った」が伝わったかわからない。何とか相手の機嫌を取ろうとしてもこうなのである。

終始チグハグで、私は「なんで金を払った先でこんな目に遭うのだろう」という気持ちで店を後にした。この「なんで〜だろう」は「こうであっていいはずがない」を含意する反語ではなく、純粋な疑問である。動揺が大きすぎて「おかしいだろ」とツッコミを入れるに至るまでにはもう少し時間が必要だった。それだからフラフラと見知らぬ商店街をさまよい、お腹が減っているわけでもないのに喫茶店に入ったのだ。

スープパスタを食べ、食後のコーヒーを飲んでいたところで思い出した。前もこんなことがあったと。

あれは20代の半ば。

私は文系の大学院生で、研究に身が入らず、かといって就職できる目処もなかった。運転免許講習に行けば教官から毎回のように「なんで女の子なのにマニュアル取るの？」と聞かれ泣かされるし、右折に失敗して横断歩道上で停止したところキレた若者の集団から車体を蹴られるという、文字通り踏んだり蹴ったりな目に遭ったのもこの頃。居酒屋でバイトしても私だけ時給が上がらなかったし、今思えばしてもしなくてもいいような恋愛にしがみついていたし、親不知《おやしらず》は腫れ上がるし、とにかく毎日がみっともなかった。

バイトの友人が「近くに40分で5000円とちょっと高いけど、当たる占いがあるので行ってみる」と話しているのを聞いて、「これかもしれない」と思った。何か打開策がそこにはあるのかもしれないんじゃないのと。40分で5000円は当時の私にとってもちろん高価だったが、それだけに信憑性があるような気がした。

　あれもこれも聞きたい。未来につながる言葉を聞きたい。そう思って予約を取り、時間通りに店に入った。

　そこで私は、押し黙った。

　自分の鬱屈についてを初対面の、それも親ぐらいの年齢の男性にいきなり話せるだろうか。いや、話せやしない。占いはそういうものだと割り切ればいいのに、私はあまりにも占いビギナーだった。

　記憶の中でのその占い師は、茶色い服を着て茶人帽を被り筮竹《ぜいちく》をじゃらじゃらさせ、つまり絵に描いたような占い師なのだが、そのうちのいくつかは後から付け足したイメージかもしれない。とにかく、彼は喋らない私を見て苛ついた様子で「あなたは悩みがないの。悩んでいる人っていうのはね、もっと自分から喋るモンだよ」と冷たく言った。

　心の中で涙が出た。

　いやそうじゃなくて、あまりにも自分の中でとっ散らかっていて、言葉が見つからないのです。初対面の人に、どこからどう自分をわかってもらえば良いのかわからないのです。それで就職面接も失敗してるんです。いわゆるコミュ障なんです。ただただ不機嫌そうな若い女に見えているのかもしれないのですが、ごめんなさい、そうじゃ、そうじゃないのです。

などと説明したかったが、言える私ならそこにいない。占い師の不機嫌を恐れるあまり私は場の空気が悪いことに気づいていないフリをしてやり過ごそうとし、その態度がまた彼を苛つかせる負のスパイラル。

占いの結果は「あなたの夢は叶いません。目指している職業には就けません。恋愛も報われません。あなたの人生は10代から30代まで低調、中年期に少し良くなりますが、その後もまた低調です」だった。忖度がゼロです。

私は、ですよね〜みたいな顔でヘラヘラと笑い、家に帰って壁のほうを向いて寝た。

さらに思い出す。「あなたぐらいの年齢でも、それをできている人はいるよ」と言った人がいた。あれは占い兼カウンセラーみたいな仕事の人だった。

30代を過ぎて性暴力の取材を始め、いろいろと本を読むうちに自分の生育歴について振り返ってその影響を考えるのが面白くなり、その延長で個人カウンセリングを受けたときのことだ。

自分の感情とうまく向き合えるようになれば、喜びをより大きく感じられるようになるし、悲しみや怒りを抑えつけるのではなく受け止めて感じ切ることで解消できる、というようなことを彼は言った。感情を感じ切る方法を覚えれば、他者との関係に一喜一憂したり振り回されたりすることもなくなると。

私はその説明をなるほどそういうこともあるだろうと納得して聞いていたのだが、相手は私がそれを信じていないと思ったのかもしれない。続けて、どこか不満げに「あなたぐらいの年齢でも、それをできている人はいるよ」と言った。そして、そのカウンセラーが直接知っている人間性に優れた女性のエピソードが少し披露された。こんな風に、同年代の誰かとあけすけに比較されるなんて随分久しぶりだと思った。

振り返ってみると大体7〜8年ほどのスパンで、私は占いからの怒られを経験している。これはなんの因果か。いや、いちいち因果とか考えるからいけないのか。

カップにわずかに残ったコーヒーを眺めながら、まだ何か思い出せないことがあると思った。久しぶり、そう全部、久しぶりなのだ。

話してもダメ、笑ってもダメな状況や、自分の意図が伝わらず誤解されて嫌われる顛末、あるいは同年代の誰かと比較されること。

あれらはいつかの私が経験してきたことだ。保育園や小学校の、今よりもまだ言葉をうまく使えていなかった頃に。占い師たちの、有無を言わせぬ私への態度は大人から子どもへのそれと似ていた。

10歳になる以前の私は保育士や先生たち大人が好きで、大人から好かれたいと思う子どもだった。でも、それがうまくいかないことが多々あった。「好き」と「好かれたい」をストレートに発信できるタイプでなく、生意気だったり意固地だったり、大人から見て面倒でかわいくない要素の多い子どもだったと思う。その大人たちからの拒絶を、いちいち深刻に捉えて傷つく子どもだった。

断片的でぼんやりとした記憶の中に、言いたいことが言えなかったモヤ、抑えつけられて硬直したモヤ、劣等感のモヤがある。言語化されず、はっきりとした物語としては残らず、ただモヤとした感情だけが、私の体の奥の奥のほうにこびりついていて消えていない。

ああ、そんなところにしくしく泣いているリトルたまちゃんがいたのね。

リトルたまちゃんの存在に気づかせてくれたから、あのMC語りをしていた占い師の不可思議な接客を良しとするべきだろうか。するべきかもしれないけれど、私もまだ修行が足りないし、「すべての出来事には理由があります。嫌な人はあなたを成長させてくれるために訪れた存在です」みたいなまとめ方はすこぶる怪しいので、「怒ってないわけじゃないんだからね！」ぐらいの気持ちでいる。

実はレビューで「なんか」を連発しながら「★1」をつけちゃおうかなとも思ったのだ。しかし私よりも先に「★5」でカモフラージュしながら「時間のほとんどは占い師さんの苦労話でとても参考になりました」などと痛烈な嫌味を書いている人がいたので、レビュー主と心の中で握手をし、まあいっかという気持ちになった。

それにやったことは返ってくるという因果応報を、私はどこかで信じてしまっている。

おたまさんと、恋愛のない生活

夫のことは好きだけれど、私たちが現在進行形で恋愛しているかといえば、そんなことはないと思う。

もちろん出会ったときはスパークジョイ！　カモン！　&ジョインアス！　って感じだったけど、今はもう。あるときはきょうだいのよう、あるときは部活の先輩後輩のよう、またあるときは空いている映画館で少し近くに座っただけの他人のよう。

これは40代の友人の子なし夫婦たちに聞いても大体そうで（子ありもそうなのかもしれないが、忙しそうでそこまで聞くひまがあまりない）、平和な恋愛なし夫婦を営んでいる。

そう、恋愛のない生活というのは、本当に平和だ。

こうなってみると、昔はなんであんな切った張ったみたいなことをやってたんだろうと思う。振り返ると恐ろしくて仕方ない。

不惑とはいえ、死ぬまでただの迷える羊。結婚したとはいえ、いつかまた誰かと恋に落ちてしまうことはあるのかもしれない。でもそれを猛烈に恐れている。あんな着地点のわからぬまま見切り発車するような行為を、よくもまあ繰り返していたものだと思う。

私はアルコールやパチンコや薬物と同じく、恋愛やセックスも依存性の高いものと思っている。多少たしなむぶんにはいいかもしれないが（薬物はダメだけど）、生活に支障をきたすほどの依存は厄介。でもなぜか、お酒やドラッグの危険は周知されても、恋愛はやりたきゃやったほうがいいとか、恋愛経験豊富な人のほうが人生が面白いと思われてきた節がある。私自身、恋愛は必修科目だと思っていた。スキトキメキトキスとはただただ良きこと楽しきことであり、そう考えられないヤツはつまらない堅物と。

本当は運転免許取得と同じかそれ以上に難しく、ちゃんとハンドルを握ってないと簡単に自損も他損もするのに（ちゃんと握っててももらい事故もあるのに！）、多くの人がぶっつけ本番で恋愛やセックスを始めるのは何なんだろう。

いや、「多くの人」って誰なんだって話ですよね。ここで自分の過去の恋愛あるいはセックスの話を書いたほうが良いのだと思う。でもあまりにも平凡でバカな女の惨めっぷりで、書けない。

ここはひとつ、架空の女性、おたまさんに登場してもらうことにする。おたまさんは架空の人物なので、その語りは多少ドラマチックに脚色されている。

………

……

…

当時、おたまさんは20代の中頃だった。人より少し遅れて、最初からフリーランスとして仕事を始めた。フリーであることに引け目はなかったが、人より遅いことに劣等感はあった。

なんでもやりますとペコペコと頭を下げる安価な労働力には需要があった。低い自尊心というオプション付きの若い肉体にも需要があった。おたまさんもおたまさんで、仕事を教えてくれる人がいるとすぐ好きになった。

名ばかりの「恋愛関係」のもとにセックスを差し出しているようでもあり、自分にはセックスぐらいしかできないと思っているようでもあったけれど、セックスすることで自分よりこの業界を知っている相手（?）とその瞬間だけでも対等になれたような気もしていた。

数カ月間だけ付き合っていた編集者は、女性モデルの撮影で使っていたホテルの部屋におたまさんを呼んだ。つい先ほどまで、全裸か半裸かの女性がここで撮影されていたのだなあと思い、自分たちの稼ぎではこんなホテルに泊まるだけの贅沢はなかなかできないことを思った。

編集者は「イッたことある?」とおたまさんに聞き、おたまさんは「なんでエロ本の編集者なのに、女がオナニーしないと思っているんだろう」と不思議に思いながら「うん」と頷いたが、編集者は聞こえなかったように、おたまさんがイッたことのない前提でセックスをした。すぐにフラれた。

離婚歴のある編集者とは、その子どもと一緒に動物園に行った。2歳か3歳だったその女の子はかわいい盛りで、おたまさんは自分に懐いてくれる子どもがいることに心底驚いた。

その無口な編集者に、いつものように夜に呼び出され、セックスをして、朝になってそのマンションからとぼとぼと帰り、これは無料でデリヘルをやっているようなものだなと電車の中で考えていると、相手もそう思ったのか、送られてきたのは「好きな人ができたのでもう会えません」というメッセージだった。

「その人とうまくいくといいですね」と返信するとすぐに「いいえ、もうフラれたので」と返ってきて、なんでこんなクズからあんなにかわいい女の子が生まれるのだろうと思った。

あの女の子の記憶におたまさんとの動物園はきっと残らず、この先自分だけが持ち続ける思い出であることがただただ悲しかった。

次に出会った編集者は長く付き合っている大好きな婚約者がいると言い、けれど遊び相手の女の子はたくさんいると吹聴していた。

おたまさんは自分からその編集者を誘った。婚約者から奪いたいという気持ちなどさらさらなかった。むしろ最初から自分以外の人を愛している人のほうが信用できたし、期待しなくてすむと思った。

けれど、その編集者が自分の紹介した友人と関係を持つことまでは想定外だった。友人は後からそれを知って「あの人とはもう会わない」と言った。

おたまさんのうちのひとりは、かっこいい彼女とかっこよくないおたまさんを同列に等しくセックスフレンドとして扱った編集者はとんでもないクソ野郎だと思った。おたまさんのうちの他のひとりは、まさか彼女があのスカした編集者とそういうことになるなんてと思った。おたまさんの中で大勢のおたまさんが右往左往していた。

そんなおたまさんを見て編集者は嫉妬されているのだと思い込み、「恋愛には強者と弱者がいる」「君と僕は対等じゃない」というようなことを言った。

そこから、おたまさんの記憶は少し途絶えている。

気がつくと自宅のソファの上で横たわっていて、手には携帯電話を握っていた。自分は壊れているのだと思った。映画『奇跡の海』に出てきた、夫を愛するあまり他の男性たちとセックスする主人公と同じぐらい壊れている。でもそれは今始まったことじゃない。

最初にセックスをしたのがいつなのか、おたまさんはあまり考えないようにしている。そのとき付き合っていた男の子ではない人たちと、順番にセックスをした。どうしてそういうことになるのかよくわからなかったけれど、自分がそれを望んでいたような気もした。

1人目はそんなに乗り気に見えなかった。2人目は楽しそうだった。3人目がいたか覚えていない。

血が出なかったし、我慢して痛いとも言わなかったので彼らはおたまさんが初めてだと気がつかなかった。

どちらか、あるいは両方に、口でもしてあげた。口でするのは初めてではなかった。


中学生のとき、初めて付き合った男の子がいた。その頃のおたまさん（13）はまだ、付き合った男の子とは結婚するのだろうと思っていた。

彼は学年の中で目立つ存在で、同じように目立つグループの女子と付き合うだろうと思われていたけれど、なぜかおたまさんを指名した。

おたまさんが相談した頭の良い親友は、意外にも「いいと思うよ」と言った。それで付き合うことにした。けれど、全然うまくいかなかった。彼の前でおたまさんはうまく喋れず、すぐに固まった。イケてないのがバレて嫌われると思うと、私服では会えなかった。

あっさりとフラれて、彼はひとつ下の学年で一番かわいいと言われている女の子と付き合い始めた。おたまさんは宇野千代を読んでいたから、離れていった男を憎んではいけないのだと思った。でも惨めさはどうしようもなくて、学校中の生徒から「かわいそうに」と指を差されている気がした。

しばらくして彼は後輩の女の子にフラれて、おたまさんとまた付き合いたいと言った。おたまさんは了承し、宇野千代のおかげかもしれないと思った。でも彼は以前と何か違った。

彼は学校の帰りにおたまさんを家に誘って制服のシャツを脱ぐように言い、乳首を舐めた。おたまさんはそれが何を意味するのかわからなかった。後でエッチな話が好きな女友達に聞くと、それはアダルトビデオですることだと言われた。

そういうことを何度かしただけの2週間の後、下駄箱の前でまたも「別れよう」と言われ、おたまさんは自分が上履きの底ぐらい汚いものになった気持ちがした。残りの中学生活は地獄だった。

「別れた」後も、腕を引っ張られて公園や家に連れて行かれることがあった。勃起した性器を見せて、舐めてと言う。おたまさんはもう彼のことを好きではなかったけれど、上履きの底としてはそれをやり遂げなければいけなかった。10代女子が読んでいる雑誌にフェラチオのやり方が詳細に説明してあったから、おたまさんはそれを熟読するようになった。

一度、彼が女性器に男性器を入れようと試みたこともあったけれど、それはうまくいかなかった。

男の子との会話が続かなければ、胸を触らせてあげたり、最終的にはフェラチオをしてあげればいいのだとおたまさんは思うようになった。それ以外のコミュニケーションを知らなかった。ある男の子は自分でしろと言って口でさせたくせに、終わると「よくそんなことできるね」と言った。

10代の一時期、おたまさんは自転車で2ケツしたり、明るい場所で笑い合っている同年代のカップルを見るだけで心が締め付けられた。それは自分が経験してきた暗い性的な何かとはまったく違った。

そのうち、男の子ともそれなりに会話が続くようになったけれど、それでもすぐにセックスする癖は変わらなかった。おたまさんは、自分はセックスが好きだと思っていた。それなのに終わった後はいつも虚しかった。

セックスが好きなのにどうしてこんなに苦しいんだろう。いつも、岡崎京子の漫画の中の、輪姦される女の子の話を読んでいるときと同じ気持ちになる。それなりに好きな相手とセックスしていてもそうだった。

おたまさんのうちのひとりが、もっとセックスしたいと言う。他のひとりが、もうしたくないと泣く。

よく、知り合いの男性とセックスする夢を見た。セックスしてから、すごく後悔する。自分から誘ってしまったことをものすごく後悔する。夢うつつのしばらく、その人と本当にセックスしたのかどうか、どこまでが現実かわからなくて混乱する。目が覚めて、現実ではしていないと気づいて、胸をなで下ろす。

ソファの上で携帯電話を握りしめたまま、おたまさんはこれまでのことを思った。壊れていた自分のこと。おたまさんが壊れていたせいで傷つけた男の子や男の人のことも。

おたまさんはもっと自分を晒さないといけないと思った。裸を仰向けにして、誰かに見せないと。壊れた体にもっとエロいことをさせないと。

そのためには、風俗で働かなくてはいけないと思った。それかアダルトビデオ。実録風に撮られている、顔も体も重視されない、名前のない女優ならできるんじゃないかと思った。電車の中で大勢に痴漢されて、最後は精子を顔からかけられて、精子まみれのパンツをもう一度はかされて車外に放り出されるような、ああいう。

それをしないことにはもう赦されない。

そう決めたとき、携帯電話が鳴った。

非通知のその電話を取ると、ざわざわとうるさい向こう側から誰かの声がした。

「○○さん、面接の結果なんですけど、残念なんですけどねー」

「え?」

「先日受けていただいた面接の~」

「私、○○じゃありません」

「え? 本当に? こっち間違えました?」

電話は切れた。

受ける前からはねられたと思ったら、おかしくて笑えた。

おたまさんはその後もモラハラに遭ったり不幸なセックスをしたり同意のない性交に持ち込まれたりしたが、持ち前の粘り強さをなんとかかんとかして踏ん張り、いまは平和な日常生活を手に入れた。

恋愛やセックスのない日常はあまりに平和でうれしくなる。でも同時に自分がこの平和に飽きてしまわないことを祈っている。

たまに、パートナーさんが浮気したらどうしますか？　とおたまさんに聞く人がいる。

おたまさんは、きれい好きなカピバラみたいなパートナーがそうそう浮気するとも思えないが、そういうことがあったらあったでしょうがないと思う。

浮気相手に意地悪をされたら嫌だけど、そういうことをしない人なら別にいい。

それよりも、パートナーが相手の尊厳を傷つけることだけはしなければいいなと思っている。そんなことを知ったら、その業をまた自分が引き受けてしまうと思うからだ。

おわりに

2022年の夏に、東京から関西へ引っ越しをした。夫のいる東京の家を出て、ひとりで暮らし始めた。

別居とか離婚とかそういうわけではなくて、一時的な単身赴任のようなものだと思っている。とはいえ先のことはどうなるかわからないから、もうずっとこのままということもあり得る。

新しい部屋は快適で、猫を2匹飼い始めた。保護猫だった白猫の親子で、2匹とも人間でいえば50〜60代。同じ中年同士で安心したのか、猫たちはずっと前からここにいたかのような顔をして過ごしている。

東京以外で暮らすのは、人生で初めてだ。猫と暮らすのも初めて。あまりにも楽しくて、こんなに楽しくていいのかしらと思っている。

引っ越した理由はいくつかあるが、大きな要因のひとつとしては、ネット上（主にツイッター）でのフェミニスト・バッシングの苛烈さがある。ツイッターは全世界つながっているので別に東京にいたって地方にいたって同じ……なのだけれども、とにかく今いる場所から物理的に遠くに行きたかった。人口密度が高いところから離れる選択が必要だった。

２０２０年6月に、私のツイッターアカウントが凍結した。虚偽のＤＭＣＡ（デジタルミレニアム著作権法）通報というものをやられたからだ。私がネット上にアップしていた画像を、「これは私の画像なのに、この人が勝手にツイッターに投稿している」とツイッター社に通報した人がいて、ツイッター社は当時虚偽であってもＤＭＣＡ通報があれば即凍結という判断だった。

私は弁護士さんを伴って警察に相談した。著作権違反で捜査してもらえることになって、翌年の２０２１年9月に犯人が特定され、家宅捜索が入った。12月に書類送検。そしてそこからまた約1年かかって２０２２年11月に略式起訴となった。この本の原稿を書いていた2年半ほど、ほぼまるごと、この〝事件〟について聴取を受けたり、弁護士さんとやりとりしたり、起訴されるか否かとやきもきしたり、していた。

「女性の権利を主張している人の中で比較的フォロワー数の多いアカウントを狙ってやった」というのが犯人の〝動機〟だそうだ。手紙でもいいから直接やりとりできないかと聞いたが、「敵対的な姿勢だから」やめたほうがいいと言われ叶わなかった。

自分が法に触れておきながら、彼にあるのは被害者意識なのではないかと予想する。生意気な女が偉そうに、ありもしない男尊女卑をでっちあげているから制裁したら、訴えてきた。自分は悪くないのに、警察や検察まで女の味方をした。男のほうがつらいのに、弱者男性は社会的に恵まれていないのに、権利を主張する女が、クソフェミが、うるさい。

2022年7月8日に安倍晋三元首相を銃撃した山上徹也は私と同じ1980年生まれだった。宗教2世として生まれたことのほかに、氷河期世代であり、「自己責任」を政治家たちが強調した2000年代に20代を過ごしたことには同情してしまう。

けれど彼は、ネット上に蔓延するミソジニーに影響されたようなツイートも複数残していた。

「女から喧嘩売って来るんだから女性の権利なんて、まぁ知らんよね（笑）」（2021年1月12日）

「オレは物言う女が気に食わないのではない。『女に対する侵害だから他の事は捨象する』みたいな風潮が著しくアンフェアだから言っている」（2021年4月1日）

現代の女性の権利主張は筋違いであるという認識を、まるで多くの人が認めるところの事実であるかのように山上は語っていた。彼のタイムラインではそうだったのだろうし、そのようなタイムラインを見ている人は五万といるだろう。

フェミニストである知人・友人たちがツイッター上でおもちゃのように揶揄され冷笑され、ときには吊し上げられているのを見るのはつらいことだ。ツイッター上の一部には、フェミニストであるという理由だけでいくらでもバカにして良いかのような不文律が確かにある。

小学校の頃のいじめを思い出す。ターゲットとなった子の一挙手一投足を監視し、何をやっても文句をつけ、笑い者にする。いじめられた子が抗議すると、その抗議の言葉が汚かったと学級日誌に書く。学級日誌に書かれたことは学級会で日直が読み上げ、反省が求められるから。いじめられっ子が学級日誌に書かれまいと抵抗すれば、それもまた乱暴をしたと日誌に書かれる。

ツイッター上ではフェミニストが挑発され、言い返すとその言い返したツイートだけがスクショされ、一方的に断罪されて拡散される。

女性のみにヒールのある靴を履く義務があるような風潮に意義を申し立てた運動である #KuToo を始めた石川優実さんは、自分への「クソリプ」を引用した著書

『#KuToo：靴から考える本気のフェミニズム』（2019年／現代書館）を刊行した後、著作権侵害で訴えられた。1審、2審とも石川さんが勝訴したが（原告は上告するも最高裁が棄却し石川さんの勝訴が確定／2022年10月）、出版社側が「言いがかり訴訟」だったとツイートすると、その言い方が悪いとまた非難された。原告となった男性は裁判中も名前を伏せ匿名で通した。

自民党の杉田水脈議員はジャーナリストの伊藤詩織さんやその支援者を誹謗中傷するような内容の複数のツイートに「いいね」を押した。杉田議員は過去に伊藤さんの被害について「明らかに女としての落ち度がありますよね」「被害者にまったく落ち度がない強姦事件と同列に並べられていることに女性として怒りを感じます」などと発言しており、このような経緯を踏まえて、「いいね」は伊藤さんの名誉感情を害する意図のもとに押されたと高裁では判断された（2022年10月）。1審では伊藤さんの敗訴だったので、逆転の勝訴判決だった。伊藤さんの代理人・佃克彦弁護士が「1審判決がひどすぎた」と述べたように、私も高裁判決が真っ当だと思った。けれどツイッター上の一部では、「いいねだけで訴えられて負けるなんて表現の自由が脅かされる」と嘆いてみせる人たちがいた。いいねしただけ、ではないのに。また、これとは別に伊藤さんを誹謗中傷するツイートをリツイートしたことで敗訴した男性のひとりは、敗訴後も中傷的な投稿を続けている。

虚偽のDMCA通報を刑事告訴したとき、私には恐れがあった。警察や検察の中にアンチフェミニストやミソジニストに親和的な人がいるかもしれないと思ったのだ。そんな可能性なんてほとんどないだろう……とは思えなかった。自分の被害を話さなければならない目の前の相手に対して、この人ももしかしたら心の中で「やられるほうだって悪い」「フェミなんてキモい」と思っているのかもしれないと考えなければいけないのは悲しく虚しいことだった。

フェミニストが臨んでいる現在進行形の民事訴訟はいくつかある。相手方の男性やその代理人たちは、なぜか自信満々に見えることがある。まるで、裁判所は自分たちの味方であって当然なんだと思い込んでいるように見えることが。生意気な女を前にして共感し合い「わかるでしょう、ねえ?」という目配せが通じる場であるかのように。

裁判で負けてもネット世論の多数決で勝てばそれでいいかのように振る舞う人もいて、実際その目論《もくろ》みはある程度成功してしまっているように見える。彼らをというよりも、フェミニストがそういうものと同じ土俵に立たざるを得ない状況こそを揺るがしたい。

白猫たちと暮らしながら、私は外国語を勉強している。語学の才能はないし、ちっとも喋れるようにはならないけれど、日本語の世界にだけ閉じこもらないことが希望に思えるから。あるいは、同じ言語を使う人同士でまったく言葉が通じないことに疲れてしまって、それならいっそ違う言葉を使う人と、文脈を共有していないことを前提としたコミュニケーションをしたいと思ったから。

新しい部屋には大きな窓があるが、2匹の猫はその窓につながる階段を怖がって、上っていかない。いつか一緒に外国に住もうよと、私は10歳と11歳の猫に話しかけている。

気分によって原稿を送ったり送らなかったりする私に伴走してくれた平凡社の野崎真鳥さん、ありがとうございました。真っ直ぐに飛ぶ鳥がこの本を遠くまで運んでくれますように。

2023年1月

小川たまか

本書は書き下ろしです。

小川たまか　おがわ　たまか

1980年東京生まれ。大学院卒業後、2008年に共同経営者と編集プロダクションを起ち上げ取締役を務めたのち、2018年からフリーライターに。Yahoo!ニュース個人「小川たまかのたまたま生きてる」などで、性暴力に関する問題を取材・執筆。著書に『「ほとんどない」ことにされている側から見た社会の話を。』(タバブックス)、『告発と呼ばれるものの周辺で』(亜紀書房)、共著に『わたしは黙らない―性暴力をなくす30の視点』(合同出版)。

たまたま生まれてフィメール

2023年5月10日　初版第1刷発行

著　者　小川たまか
発行者　下中美都
発行所　株式会社平凡社
〒101-0051 東京都千代田区神田神保町3-29
電話 03-3230-6593［編集］
03-3230-6573［営業］

装　幀　岡本歌織（next door design）
装　画　浜野令子

印　刷　株式会社東京印書館
製　本　大口製本印刷株式会社

ISBN978-4-582-83923-4
平凡社ホームページ https://www.heibonsha.co.jp/